Celia Schönstedt
Petra Schneider

LEBE DEINE weibliche Energie

Mit einfachen Übungen und Meditationen zu dir selbst finden

nymphenburger

Inhalt

GESTALTE DEINE ÄUSSERE WELT

EINLEITUNG

»Es ist ein Mädchen« oder »Es ist ein Junge«, waren stets die ersten Worte, die ein kleines Menschenwesen und vor allem seine Eltern nach der Geburt zu hören bekamen. Das war noch in Zeiten vor dem Einsatz ausgefeilter Ultraschallgeräte, die schon nach der Hälfte der Schwangerschaft feststellen können, welches Geschlecht das Ungeborene hat. Doch es zeigt uns, dass die beiden Kategorien »männlich« und »weiblich« uns bereits im Mutterleib definieren und von Beginn unseres Erdenlebens an das erste wichtige Identitätsmerkmal darstellen, das uns in der Regel unser ganzes Leben begleiten wird.

Grund genug, dass wir Frauen uns nicht nur bestmöglich damit anfreunden, sondern es als ein Geschenk begreifen lernen, das wir uns Stück für Stück immer mehr zu eigen machen dürfen. Denn es liegen die Gaben der weiblichen Energie darin verborgen, unsere »Frauenheilkraft«, die vor allem in unserer Gebärmutter begründet liegt. Sie ist das Organ der Heilung, über das wir in besonderem Maße unsere Selbstheilungskräfte aktivieren und unsere »weiblichen Wunden« heilen können, wie du es in diesem Buch auch lernen wirst. Es geht dabei um seelische Verletzungen aufgrund unseres Geschlechts, die wir vielleicht schon aus einem früheren Leben mitgebracht oder die wir in diesem Leben bereits erfahren haben.

»Wir öffnen uns für die göttliche Kraft und die innere Heilerin, die uns den Weg zu Genesung und echter Gesundheit in allen Bereichen unseres Lebens weisen.«

Susanne Hühn

Öffne dich für deine weiblichen Gaben und die dir innewohnende Heilkraft.

Doch genauso geht es um allgemeine Gaben, die mit der weiblichen Energie in Verbindung stehen, wie die besonderen Fähigkeiten zur Hingabe, zur Fürsorge, zur Empathie und Kommunikation auf Augenhöhe. Das Denken in Kreisläufen, angelehnt an die Zyklen der Natur, eine ganzheitliche Betrachtungsweise und die Erkenntnis, dass alles mit allem verbunden ist, gehören ebenfalls dazu. Es geht um die Rückkehr der weiblichen Weisheit, die nie etwas tun würde, was unsere geliebte Mutter Erde schädigt oder gar zerstört. Denn diese Weisheit ist voller Demut verbunden mit der schöpferischen Kraft des Universums, die uns alle beständig umgibt und am Leben erhält.
Genau diese Qualitäten brauchen wir in den heutigen Umbruchzeiten, in denen wir leben, so dringend – als Frauen und als Männer, denn auch sie dürfen endlich anfangen, sich wieder mit ihrer weiblichen Seite vertraut zu machen und sie zu leben.

Mit dem vorliegenden Buch möchten wir genau dazu unseren Beitrag leisten und dich inspirieren, berühren und begleiten auf deiner eigenen Reise (zurück) zu dir selbst. Der Inhalt nährt sich aus der jahrelangen Erfahrung unserer Arbeit als Heilpraktikerinnen mit zahllosen Frauen (und auch Männern) sowie aus unserem jeweils ganz ureigenen authentischen spirituellen Weg, den wir seit Langem gehen.
Möge es bei dir auf fruchtbaren Boden fallen und dich dabei unterstützen, immer mehr in deine weibliche Urkraft zu finden.

Celia Schönstedt und Petra Schneider

Im Kreis unserer „Schwestern" und der Natur können wir wieder Kraft schöpfen.

Weiblichkeit und Frausein

In unserer modernen Welt sind Attribute wie höher, schneller, weiter, bloß keine Schwäche zeigen, vorandrängen seit vielen Jahren für Frauen und Männer zur Lebensgewohnheit geworden. Frauen kommen erschöpft und ausgebrannt in unsere Praxen, sie haben ihren inneren Kompass verloren und sind auf der Suche nach „Wer bin ich?", „Was macht mich als Frau aus?" und „Wie komme ich raus aus dieser Spirale der inneren Ziellosigkeit, wie kann ich wieder kraftvoll und glücklich mein Leben gestalten?"

WAS WEIBLICHKEIT UND MÄNNLICHKEIT BEDEUTEN

Weibliche Energien wie Ruhe, Entspannung, Intuition und Sensibilität wurden im Lauf der vielen Jahre durch männliche Energien der Bewegung, des Verstandes, der Macht und Kraft immer mehr in den Hintergrund gedrängt. Der Wunsch, eine erfüllte Frau zu sein und die weibliche Art zu leben, sowie das Interesse, dies ins Leben zu integrieren, kommen heute jedoch immer mehr zurück. Beide Geschlechter sehnen sich nach Authentizität und innerlichem Erfülltsein. Dazu muss gesagt werden, dass beide sowohl »Yin« – die weibliche Energie – als auch »Yang« – die männliche Energie – in sich tragen.

WIE ZEIGT SICH DIE WEIBLICHE ENERGIE?

Idealerweise hat die Frau mehr weibliche Energie in sich, der Mann einen größeren Anteil der männlichen. Yin und Yang sind ausgeglichen, in Balance, und unterstützen sich gegenseitig. Diese Begriffe kommen aus der chinesischen Philosophie und sind das Fundament der traditionellen chinesischen Medizin, die seit vielen Jahren auch bei uns immer mehr Einzug findet. Sie stehen für gegensätzliche Seiten, die alle Dinge, Lebewesen und Phänomene in sich tragen und die sich gegenseitig ergänzen. Im Hinduismus, der seinen Ursprung in Indien hat, ist es »Shakti«, womit die Urkraft des Universums bezeichnet wird. In der Astrologie und der Archetypenlehre (siehe Seite 46) ist es »Lilith«, unsere weibliche Urkraft, der Schlüssel zum Frausein.

Wenn wir die weibliche und männliche Kraft in uns vereinen, leben wir sowohl aus unserer Intuition heraus als auch aus unserem Verstand. Kontrolle und Vertrauen sind in der Balance, wir gönnen uns Pausen in Achtsamkeit und Ruhe, welche die weibliche Seite stärken, um dann aus der Tiefe unseres Seins mit unserer Schöpferkraft in die Aktion zu gehen. Vorwärts streben wir dann mit der männlichen Energie, die auch sehr wichtig für uns ist und einen Platz in unserem Leben haben sollte.

Energie – Qi, Prana, Pneuma

Der Begriff Energie geht auf das altgriechische Wort *energeia* zurück und bedeutet so viel wie „wirkende Kraft". Sie ist die Fähigkeit, eine Tätigkeit auszuüben, und nötig, wenn etwas bewegt, erwärmt, beschleunigt wird. Eine geheimnisvolle, unsichtbare, aber durchaus spürbare Lebenskraft fließt beständig durch uns hindurch und umwebt unseren Körper. In der chinesischen Philosophie wird sie als „Chi" oder „Qi" bezeichnet, „Prana" heißt sie im indischen Hinduismus, der drittgrößten Weltreligion, oder „Pneuma" in der griechischen Antike. Wir können diese Lebensenergie spüren, wenn wir die Handflächen eine kurze Weile aneinanderreiben. Wir zentrieren sie vor unserem Unterbauch und lösen sie wieder vorsichtig voneinander, sodass die Handflächen zueinander zeigen. Wir konzentrieren uns auf den Raum dazwischen. So nehmen wir neben der Wärme vielleicht ein feines Kribbeln wahr. Wenn wir die Hände sanft zusammenschieben und wieder voneinander lösen, können wir sogar manchmal einen kleinen Widerstand erspüren. Als „Aura" wird diese Energie, die unseren Körper umgibt, bezeichnet. Dort befinden sich Informationen im feinstofflichen Bereich, die hellsichtig begabte Menschen sehen können. Sie erscheinen ihnen als Bilder, Worte oder auch in unterschiedlichen Farbnuancen.

Doch seien wir mal ehrlich, wer von uns kann dies schon vollkommen in dieser Art und Weise leben? Es geht uns genauso wie dir. Wir alle können das mal mehr, mal weniger, und sehen es als unsere Lebensaufgabe, immer wieder zu reflektieren, achtsam bei uns zu sein, innezuhalten, raus in die Natur zu gehen, um unsere innere Stimme wahrzunehmen und wieder vollkommen bei uns anzukommen. Dann fragen wir uns: »Wo stehe ich in meinem Leben, passt das noch alles so, wie ich es mir gewünscht habe, wie fühle ich mich, und was möchte ich ändern?«

Leg dir die Hände aufs Herz, atme und lass dich von deinen Herzensimpulsen führen.

Die Antworten kommen aus der Stille in unsere Gedanken, weil wir wieder bei uns sind und diese besser wahrnehmen können. Unsere innere Stimme ist der beste Wegweiser für unser Leben. Wenn du lernst, diese Antworten wieder wahrzunehmen, dann brauchst du keinen »Guru« oder Führer mehr im Außen. Dein Herz und dein innerer Kompass führen dich.

DAS BESONDERE AM FRAUSEIN IN DER HEUTIGEN ZEIT

Dich von deinem Herzen führen zu lassen ist das große Ziel, doch dann drängen sich plötzlich wieder negative Gedanken in dir auf, die dich ablenken. Du schaust auf deinen Zykluskalender und stellst fest, dass du kurz vor deinen Tagen stehst oder zumindest schon in der zweiten Zyklushälfte. Und damit zeigt sich bereits ein Aspekt der Besonderheit, eine Frau zu sein: Du bist nämlich ein zyklisches Wesen, und das bedeutet, dass jeder Tag für dich anders ist.

Du fühlst dich anders, deine Stimmung ändert sich von Tag zu Tag, manchmal sogar stündlich oder im Minutentakt, du nimmst anders wahr und bist nicht immer gleich gut mit deinem Körper und seinen Bedürfnissen verbunden. Mal bist du fürsorglicher unterwegs und kümmerst dich gerne um andere, mal bist du dir selbst schon fast zu viel und hast darüber hinaus keine weiteren Kapazitäten zur Verfügung.

Du kennst dich eigentlich als rationale Frau, doch an manchen Tagen bist du so emotional, dass dein Verstand auszusetzen scheint, dich Kleinigkeiten unglaublich stören und du gereizt auf alles und jeden reagierst. Oder du bist eher der emotionale Typ und lässt dich von deinem Bauchgefühl leiten. Doch urplötzlich scheint dieser Zugang blockiert, du bist erschöpft, demotiviert und brauchst viel mehr Pausen als sonst.

In jedem Fall ist es dir als Frau nicht möglich, jeden Tag gleich gut »zu funktionieren«, wie es noch immer dem männlich geprägten Ideal in unserer Gesellschaft entspricht und in vielen Chefetagen augenscheinlich noch erwartet wird. Da fast alle von uns auch durch dieses Bild von »normal« geprägt wurden, ist es ein Prozess, dich Schritt für Schritt davon zu befreien und immer mehr in deinen eigenen, zyklischen Rhythmus zu finden (siehe dazu auch Seite 26).

Für viele Frauen kann die Selbstständigkeit heute eine willkommene Lösung sein, um (mehr) im Einklang mit den Zyklusenergien leben und arbeiten zu können. Vielleicht ist das ja auch für dich eine Option, die es zu prüfen gilt? Wir können dich nur darin bestärken, deiner Berufung zu folgen, wenn du sie schon wahrnehmen kannst. Die Erfahrung in der Praxis zeigt, dass darin eine große Heilungskraft liegt, nicht nur bei Menstruationsbeschwerden, doch auch ganz besonders dann. Denn Zyklus und Berufung hängen eng miteinander zusammen, gerade weil die Gebärmutter auch unsere innere schöpferische Quelle darstellt (mehr dazu siehe Seite 20).

Generell gehört die Gebärmutter, dieses wundersame Organ, natürlich zu den Besonderheiten des Frauseins dazu. Schließlich kann sie zum »Palast unseres Kindes« werden und neues Leben erschaffen – auch im übertragenen Sinne durch das Austragen von neuen Ideen, innovativem Gedankengut und vielem mehr.

Die Gebärmutter wird auch als unser »Bauchherz« bezeichnet und stellt auf energetischer Ebene eine wichtige (zunächst unbewusste) Basis für all das dar, was wir dann bewusst im Herzen wahrnehmen können. Sie ist also die Grundlage für unsere weibliche Intuition, unser »gutes Bauchgefühl«. Deshalb ist es so wichtig, die in ihr gespeicherten jahrhundertealten Prägungen, Muster und Themen aus der Ahnenlinie langsam Stück für Stück zu lösen,

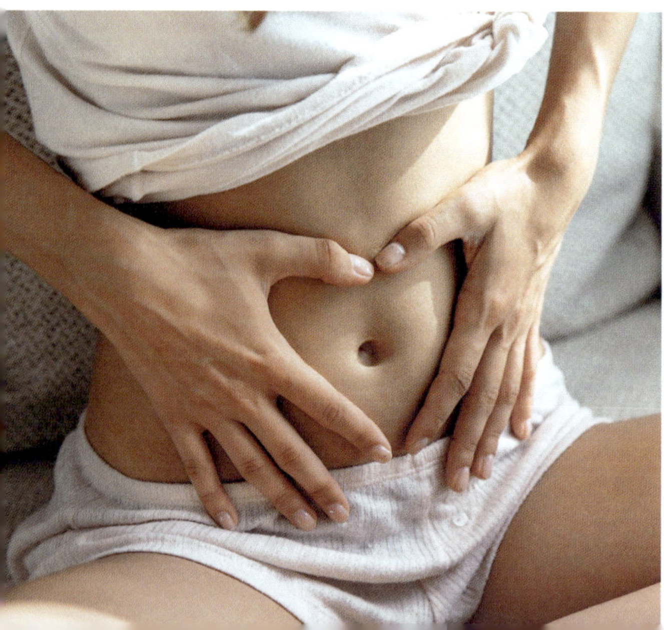

Berühre liebevoll deinen Unterbauch, um Kontakt zu deiner Gebärmutter aufzunehmen.

um so innerlich immer freier zu werden von den patriarchalen Limitierungen, die kollektiv noch wirken.

Früher bestand für Frauen oft existenzielle Gefahr, wenn sie ihrer Berufung gefolgt sind und zum Beispiel Kräuterfrau, Heilerin oder Mystikerin waren. Im schlimmsten Fall konnten sie dafür als Hexe auf dem Scheiterhaufen verbrannt werden. Durch die Epigenetik wissen wir heute, dass sich solche Erfahrungen im Zellgedächtnis einbrennen und über Generationen weitervererbt werden. Ebenso können sich die gespeicherten Informationen vergangener Inkarnationen auf das jetzige Leben auswirken.

Epigenetik

Der Begriff „Epigenetik" (griech. *epi* „dazu, außerdem" und -genetik) ist zusammengesetzt aus den Wörtern Genetik und Epigenese, also der Entwicklung eines Lebewesens. Die Epigenetik erforscht die Faktoren, die zusätzlich zur Genetik (Vererbungslehre) einen Einfluss auf die Gene ausüben, wie zum Beispiel diverse Umwelteinflüsse, vor allem menschliche Beziehungen. Sie entscheiden mit darüber, unter welchen Umständen ein Gen an- oder ausgeschaltet („methyliert") wird, Experten nennen das Genregulation.

Insbesondere traumatische Erfahrungen haben einen starken Einfluss auf das Epigenom und können sich sogar weitervererben (sogenannte „sekundäre Traumatisierungen"). So ist es möglich, dass Menschen von Ereignissen belastet sind, die bereits Jahrzehnte vor ihrer Geburt stattgefunden haben. Ihre Erbsubstanz enthält dann zum Beispiel noch Informationen über die Lebensbedingungen der Großeltern (Stichwort „Kriegsenkel").

Auch heute haben wir oft noch unbewusst Angst davor, auch aufgrund der rund 5000-jährigen Tradition der Unterdrückung der Frauen, durch die sie oft weder ihr wahres Wesen leben noch ihrer Bestimmung folgen konnten. Wir trauen uns nicht, die eigene Essenz wahrhaftig zum Ausdruck zu bringen und uns mit all dem zu zeigen, was und wie wir sind. Und am meisten Angst spüren viele von uns in Bezug auf ihre wahre Größe und Macht. Denn in ganz frühen Zeiten des Matriarchats (der Vorherrschaft des Weiblichen durch die Frauen) kam es vermutlich zu Machtmissbrauch, woraus sich als Ausgleich dann mit der Zeit das Patriarchat entwickelte.
Wir haben demnach Angst davor, dass wir erneut unsere Macht missbrauchen oder sie wieder verlieren könnten, beides schmerzhafte Erfahrungen, die sich tief in unser Zellgedächtnis eingeprägt haben. Deshalb wollen wir unbedingt vermeiden, solch einen Schmerz noch einmal erleben zu müssen – und sei es um den Preis, nicht unser volles Potenzial auszuleben. Ein zu hoher Preis, wie wir finden. Deshalb wollen wir dich hier darin unterstützen, immer mehr in dein Potenzial hineinzuwachsen.

Um dich von den bereits erwähnten alten Mustern und Verletzungen aus der Ahnenlinie zu befreien, die möglicherweise noch deine Gebärmutter und damit dein ganzes System belasten, kann dir die Durchführung eines Ahnenrituals helfen, das auf dem Gefühl der Dankbarkeit basiert.

Zünde Kerzen an und gönne dir täglich einen stillen Moment.

Ahnenritual mit Dank für die Vorfahren

Such dir einen bequemen und ungestörten Platz zum Sitzen und entzünde um dich herum ein paar Kerzen für deine weiblichen Ahninnen.

Schließ die Augen und stell dir zu deiner Linken alle Frauen aus deiner mütterlichen Ahnenlinie vor und zu deiner Rechten alle Frauen aus deiner väterlichen Ahnenlinie – also links zuerst deine Mutter, schräg dahinter deine Oma, deine Uroma und so weiter; rechts zuerst deine Oma väterlicherseits, dann deine Uroma und so fort. Dahinter sind noch Tanten, Großtanten, Cousinen, möglicherweise Schwestern und weitere Frauen aus deiner Ahnenreihe zu sehen – es spielt dabei keine Rolle, ob du ihre Namen und Gesichter kennst, ob sie noch leben oder schon verstorben sind.

Spüre die Energie all dieser Frauen, die schon vor dir gelebt haben, und nimm jede einzelne von ihnen liebevoll in deinem Herzen auf. Nimm wahr, wie der Lebensstrom durch sie alle hindurch zu dir geflossen ist, und lass ihre kraftvolle Energie in dich hineinströmen. Fühl die Verbundenheit mit ihnen und die Dankbarkeit dafür, dass du durch sie geboren werden konntest.

Mach dir bewusst, dass diese Frauen auch die Ahninnen vieler anderer Frauen sind: Wir alle sind letztlich Schwestern und stammen von der einen großen Urmutter ab, der Muttergottheit (doch Gott ist weder männlich noch weiblich). Wenn du mehr Heilung in deine Ahnenlinie einlädst, dann bringst du auf energetischer Ebene auch mehr Heilung in die Welt und zu allen anderen Schwestern.

Bitte nun die göttliche Urmutter darum, dass sie alle beschränkenden und krank machenden Muster und Prägungen aus deinem Zellgedächtnis und dem deiner Ahninnen herauslösen möge, und erlaube, dass an ihrer Stelle Liebe und Heilung Einzug halten dürfen. Stell dir vor, dass ein weißgoldenes Licht von der Urmutter über all deine Ahninnen bis zu dir hinfließt. Es bringt eine kraftvolle Heilungsenergie mit sich, die deine alten Traumata und schmerzlichen Erfahrungen sowie auch die deiner Vorfahrinnen transformiert.

Langsam spürst du, wie Frieden und Dankbarkeit dein Herz und deinen Unterleib erfüllen und eine tiefe Liebe in dir Einzug hält, die alle vor dir da gewesenen Frauen ehrt und energetisch umarmt. Verweile noch ein bisschen in diesem Gefühl und genieß die Wärme, Verbundenheit und Dankbarkeit in dir.

Komm dann langsam wieder zurück, indem du noch ein paar tiefe Atemzüge nimmst und behutsam deine Hände und Füße bewegst. Und wenn du so weit bist, kannst du vorsichtig wieder deine Augen öffnen und ganz wieder im Hier und Jetzt ankommen.

▶ *Audios zu dieser und weiteren Meditationen: Siehe Link auf Seite 141*

Doch auch jenseits der realen Prägungen aus der Ahnenlinie werden wir von Glaubenssätzen, Traditionen und Erfahrungen aus dem kollektiven Bewusstseinsfeld (morphogenetischen Feld) beeinflusst, das alle Menschen weltweit auf mentaler und energetischer Ebene miteinander verbindet. Die auf diese Weise bewusst oder unbewusst aufgenommenen Informationen wirken gesellschaftlich und auch individuell formgebend (morphogenetisch) und prägen so unsere Vorstellungen, Überzeugungen, Einstellungen, Erwartungen und Glaubenssätze in Bezug auf Männlichkeit und Weiblichkeit, also auch in Bezug darauf, wie wir meinen, als Frau sein zu sollen. Wie sehr uns dies oftmals noch unbewusst steuert und vor allem, in welchen Situationen die mentalen Strukturen wirken, gilt es Schritt für Schritt herauszufinden, um sozusagen immer mehr »Herrin im eigenen Haus« zu werden.

Gleichzeitig ist es wichtig zu erkennen, dass du durch deine Gedanken, Gefühle und Lebensweise auch das kollektive Bewusstseinsfeld veränderst. Du prägst ihm sozusagen deinen ganz ureigenen, individuellen Stempel auf, was wiederum andere positiv beeinflussen kann. Darin liegt auch eine gewisse Verantwortung, die jede von uns für andere (Frauen) und für das große Ganze trägt und die zu übernehmen auch ein bisschen Mut erfordert. Mut, dich selbst immer besser kennenzulernen, dein Innerstes zu erforschen, dein Bewusstsein zu erweitern und stetig weiterzuwachsen, um so für die Menschen und Mutter Erde mit all ihren Lebewesen heilsam zu wirken.

Je mehr du dich im Lauf dieses Prozesses dann auch von den alten Mustern und Verletzungen befreist, umso mehr wirst du die vielfältigen Schätze entdecken können, die uns Frauen geschenkt sind. So können wir in uns eine große Hingabefähigkeit finden, sei es an ein anderes Wesen, wie zum Bei-

Morphogenetisches Feld

(von engl. *Morphology*, Formenlehre)

Es existiert auf globaler Ebene ein gemeinsames, alles durchdringendes Bewusstseinsfeld, das jederzeit Gedanken und andere energetische Schwingungen aufnimmt und ausstrahlt. So ist es möglich, dass auf einem Kontinent etwas gefühlt oder gedacht wird, was auf einem anderen Kontinent ankommt, wie der Biologe Rupert Sheldrake in den 1970er- und 1980er-Jahren erforschte. Auch bahnbrechende Erkenntnisse und Innovationen können auf diese Weise zeitgleich an unterschiedlichen Orten der Erde auftauchen, ohne dass es vorher einen Austausch darüber gegeben hätte.

Dein Journal unterstützt dich in deinem Entwicklungsprozess.

spiel ein Kind, an die göttliche Schöpferkraft oder die eigene Berufung. Gleichzeitig verfügen wir auch über die Qualität des Empfangens, die natürlicherweise auf die Hingabe folgt. Auch sind wir sehr zur Annahme und Weichheit fähig und in der Lage, ein unvorstellbar großes Maß an Liebe zu schenken. In unserem natürlichen Zustand sind wir geerdet, stark in unserer Mitte verankert und besitzen eine hohe Intuitionsfähigkeit – vielleicht kennst du sie schon als dein untrügliches Bauchgefühl. Wir können besonders fürsorglich und nährend für andere Wesen und nicht zuletzt für uns selbst sein, was die wichtigste Grundlage für alles Weitere ist.

Ein Ausdruck von Selbstfürsorge kann es dabei sein, dich zu fragen:

1. Wo stehe ich heute in meinem Leben?
2. Wo möchte ich gerne hin?
3. Was macht mich aus als Frau in dieser Welt?

Nimm dafür dein Journal zur Hand (oder besorg dir ein schönes Notizbuch, falls du noch keines hast) und schreib alles auf, was dir zu diesen drei Fragen in den Sinn kommt. So kannst du dir, wie generell bei der Methode des »Journalings«, bewusst(er) werden über dein Inneres, über deine Gefühle und Gedanken zu bestimmten Themen, wie zum Beispiel deinem Frausein, deinen Zielen und deinen jeweiligen Entwicklungsschritten. Es hilft dir zu reflektieren und innezuhalten und kann dir stets ein treuer Begleiter in deinem persönlichen Prozess sein.
Begleitend dazu kann dich eine Tasse Tee mit einer kraftvollen und wirksamen Heilpflanzenmischung unterstützen, um ganz in deine weibliche Energie zu kommen.

Teerezeptur zur Stärkung der weiblichen Energie

- 30 g Frauenmantelkraut
- 20 g Schafgarbenkraut
- 20 g Melissenblätter
- 15 g rosa Rosenblütenblätter
- 15 g Damianablätter

Lass dir die Mischung in einem guten Kräuterladen oder der Apotheke deines Vertrauens zusammenstellen oder gib die Heilpflanzen auf meine-teemischung.de ein und erstell dir dort deine Teemischung.

Gib pro Tasse (à 200 ml) 2 Teelöffel davon in ein Sieb oder einen Filterbeutel und überbrühe sie mit kochendem Wasser. Lass den Tee 10 Minuten zugedeckt ziehen und nimm dann Sieb oder Beutel heraus. Trink über den Tag verteilt 2 bis 3 Tassen oder immer dann, wenn dir danach ist oder du eine bestimmte Meditation oder Journaling-Übung machen möchtest.

DIE BEDEUTUNG DER GEBÄRMUTTER FÜR DEINE WEIBLICHKEIT

Rein physisch gesehen ist die Gebärmutter ein etwa faustgroßes Hohlorgan in Form einer auf dem Kopf stehenden Birne, das auf Höhe des Schambeins in unserem Unterleib sitzt – meist leicht nach vorne geneigt, bei manchen Frauen aber auch nach hinten gekippt (was aus anatomischen Gründen oft zu stärkeren Regelschmerzen führt). An ihren Seiten sitzen die paarig angelegten, etwa pflaumengroßen Eierstöcke, in denen jeden Monat einige Follikel heranreifen.

In der Regel entwickelt sich nur einer von ihnen so weit, dass er beim Eisprung eine reife, befruchtungsfähige Eizelle entlässt. Sie wird dann von feinen, fransenartigen Härchen aufgefangen, die zu den sogenannten »Fimbrientrichtern« am Ende der ebenfalls paarig angelegten Eileiter gehören. Sie ragen in die freie Bauchhöhle hinein, können sich bewegen und auf diese Weise das gesprungene Ei »ertasten« und aufnehmen. Dann wird es in rhythmischen Bewegungen durch einen der 10 bis 15 Zentimeter langen Eileiter in Richtung Gebärmutter transportiert und wartet währenddessen auf Befruchtung durch eine Samenzelle.

Wenn sich Ei und Spermium tatsächlich begegnen, dauert es noch etwa 6 bis 8 Tage bis zur Einnistung in der Gebärmutter, dem Beginn einer Schwangerschaft. Wird das Ei nicht befruchtet, so löst es sich nach 12 bis 24 Stunden auf, und 12 bis 16 Tage danach wird die nächste Menstruation einsetzen.

»Wir Frauen sind zyklische Wesen. Nur so können wir unser volles Potenzial entfalten und der Welt schenken.«

Celia Schönstedt

So weit die physiologischen Abläufe der weiblichen Organe, ihr Aufbau und ihre Funktion, was du in jedem Anatomiebuch noch genauer nachlesen kannst. Doch dort steht nichts über die feinstoffliche Ebene der Gebärmutter, deren Energien sich spiralförmig bewegen, sowohl links- als auch rechtsdrehend, ein bisschen so wie unsere DNA (Trägerin unserer Erbinformation). Sie ist das heiligste Organ in unserem weiblichen Körper und gleichzeitig das Organ der Heilung für uns selbst und die Welt, über das wir auch unsere Selbstheilungskräfte aktivieren können.

Wir Frauen sind über die Gebärmutter in besonderer Weise mit der spirituellen Welt, früheren Leben und unserer weiblichen Ahnenlinie verbunden. Denn bereits in der Gebärmutter unserer Großmutter, als sie mit unserer Mutter schwanger war, wurden wir als Eizelle angelegt: Beim rund 20 Wochen alten weiblichen Fötus ist bereits die gesamte Menge von circa 7 Millionen Eizellen angelegt, die ab dem Geburtszeitpunkt dann stetig weniger werden.

Feinstofflichkeit

Alles, was wir nicht wie unseren grobstofflichen Körper oder wie feste Gegenstände anfassen können, befindet sich bereits auf einer feinstofflicheren Ebene, ist aber eventuell für unsere Sinne noch wahrnehmbar, wie Farben, Klänge oder Gerüche. Wenn die Wahrnehmung dann nicht mehr über unsere bekannten fünf Sinne läuft, wie bei Gedanken oder Gefühlen und Körperempfindungen, bewegen wir uns auf einer noch feinstofflicheren Ebene und betreten damit bereits die Pforte zur geistigen oder auch spirituellen Welt. In ihr könnten wir nach entsprechend geschulter Wahrnehmung andere Wesenheiten wahrnehmen, wie zum Beispiel Elementarwesen, Engel oder andere Geistführer sowie auch die (für die Augen unsichtbare) Aura unserer Mitmenschen und die sieben Schichten ihrer Energiekörper.
In früheren Zeiten hatten viele Menschen noch einen rein intuitiven Zugang zu dieser erweiterten Wahrnehmung, auch Hellsichtigkeit genannt, was über die Jahrhunderte verloren ging. Doch inzwischen werden wieder mehr Menschen mit solchen übersinnlichen Fähigkeiten wie der Hellsichtigkeit oder Hellfühligkeit geboren, und es gibt verschiedene meditative Schulungswege, um diese Fähigkeiten zu erwerben beziehungsweise bewusst weiterzuentwickeln.

Die Gebärmutter ist »die Mutter des Gebärens«, schreibt Sonia Rainbow in *Frauenheilkraft*, und es entspricht unserer Natur als Frau, während unserer fruchtbaren Jahre mit ihr jeden Monat aufs Neue etwas in die Welt »hineinzugebären« und schöpferisch tätig zu werden. Selbst wenn es nie ein Kind sein sollte, das wir zur Welt bringen, so gebären wir doch fortwährend neue Ideen, (kreative) Projekte sowie vor allem Fürsorge für andere Wesen und für uns selbst.
Über die Gebärmutter als unser »Bauchherz« können wir Frauen feinstoffliche Energien und unausgesprochene Gefühle und Gedanken zwischen-

menschlicher Natur wahrnehmen – genauso wie mit unserem Herzen, dem wichtigsten Wahrnehmungsorgan unseres Körpers. Über die Gebärmutter nehmen wir noch unbewusster wahr und speichern vor allem unbemerkt Emotionen aus unserer Umgebung.

Gesundes Leben im Unterleib findet stets unterhalb unserer Bewusstseinsschwelle statt. Wenn wir dort doch einmal etwas spüren, zeugt das meist von einem eher ungesunden, aus dem Gleichgewicht geratenen Prozess, wie zum Beispiel bei Regelschmerzen oder Magen-/Darmkrämpfen. Deshalb ist immer wieder eine energetische »Reinigung« der Gebärmutter sinnvoll und heilsam, wie wir sie vor allem während der Menstruation vollziehen können, wenn wir diese bewusst erleben und sie mit inneren Loslassprozessen auf seelischer Ebene verbinden (siehe auch »Gebärmuttermeditation«).
Das Blut der Gebärmutter, das währenddessen aus ihr herausfließt, ist heilig, weise und rein. Es ist heilig, weil es uns Frauen an den ewigen Zyklus des Werdens und Vergehens anbindet. Es ist weise, weil es uns an die Urzeiten erinnert und uns mit der Weisheit all unserer weiblichen Ahninnen verbindet. Und es ist rein, weil es sich immer wieder hinschenkt für die Möglichkeit, ein Wesen zu empfangen, das als ungeborene Seele noch in der geistigen Welt lebt und auf seinen ureigenen Inkarnationsmoment wartet.

Kontakt mit Pflanzen stärkt das zyklische Werden und Vergehen in dir.

Transformierende Gebärmuttermeditation

Leg dich an einem geschützten Ort bequem hin, schließ deine Augen und nimm ein paar tiefe Atemzüge.

Dann richte deine Aufmerksamkeit auf deine Gebärmutter und leg beide Hände dorthin, sodass sie mit Daumen und Zeigefinger ein kleines Herz über ihr formen. Mach dir bewusst, dass deine Gebärmutter energetisch gesehen der Ort deiner weiblichen Intuitionsfähigkeit ist. Wenn du dich mit ihr verbindest, kann dir das also auch bei wichtigen Entscheidungen in deinem Leben helfen.
Um die liebevoll auf deine Gebärmutter gerichtete Energie noch mehr zu verstärken, kannst du langsam und tief durch das Herz deiner Hände ein- und ausatmen und dir dabei vorstellen, deine Gebärmutter sanft zu berühren, ja vielleicht sogar zu streicheln.

Schick ihr nun deine Zuwendung und mach ihr klar, dass ihr jetzt eine gemeinsame Zeit nur für euch habt, in der alles sein darf und du ihr zuhören wirst. Und in der sie vor allem all das loslassen darf, was sie an Fremdenergien aufgenommen hat, was sie für andere trägt und was sie belastet.

Frag sie danach, was sie „auf dem Herzen hat", und horche hin. Und frag sie zum Beispiel, warum sie während deiner Regel immer wieder so sehr krampft und dir starke Schmerzen bereitet. Was braucht sie wohl dafür, um ohne Krämpfe diesen inneren Reinigungsprozess vollziehen und in rhythmischen Kontraktionen schmerzfrei ihre Schleimhaut abstoßen zu können? Lausche dann in die Stille, ob von dort vielleicht Antworten kommen.
Oder auch, wenn du dich schon länger danach sehnst, ein Kind zu empfangen, und es einfach nicht kommen will, frag deine Gebärmutter, was sie

braucht, um endlich sein erstes irdisches Zuhause werden zu können. Wende dich ihr liebevoll und offen zu und hör genau hin, was sie dir sagen möchte. Und auch wenn du erst mal gar nichts hörst, ist das vollkommen in Ordnung. Versuche, es einfach so sein zu lassen. Und atme weiter ruhig durch deine aufliegenden Hände ein und aus, um die Aufmerksamkeit dort zu halten.

Sag deiner Gebärmutter, dass du sie liebst und ihr dankbar dafür bist, dass sie zu dir gehört und dein schöpferisches Potenzial trägt. Falls das noch nicht möglich ist, weil du noch zornig auf sie bist wegen der monatlichen Schmerzen oder dem unerfüllten Kinderwunsch, dann lass auch das einfach so sein.

Stell dir nun vor, dass sich in ihr langsam ein weißgoldenes, heilsames Licht ausbreitet, das sie durchströmt und von allen traumatischen Erfahrungen reinigt, auch von denen deiner Ahninnen. Dieses Licht transformiert allen Schmerz, alle Wut, Scham und Traurigkeit und all das, was noch in deiner Gebärmutter gespeichert ist, und übergibt es deinen geistigen Helfern. Denn sie wissen, was damit zu tun ist, und können es heilsam für dich transformieren. So wird deine Gebärmutter immer freier, und es dürfen jetzt auch ganz alte Dinge gehen. Wenn Tränen fließen wollen oder dich sogar ein Zittern und Schluchzen erfasst, so lass es zu und atme ganz tief in deinen Bauch hinein. Es sind Tränen der Heilung und tiefgreifenden Reinigung; alte Spannungen dürfen sich nun endlich auflösen.

Mach eine kurze Pause. Vielleicht merkst du, dass es sich langsam schon friedlicher in dir anfühlt.

Bedanke dich bei deiner Gebärmutter für diese Heilungsreise, für die Antworten, die du erhalten hast, und für die Transformation, die gerade geschehen ist. Streichle sie sanft mit den Fingern durch die Bauchdecke hindurch und verabschiede dich liebevoll von ihr – bis bald, wenn du dich ihr wieder zuwenden wirst.

Nimm zum Abschluss noch ein paar tiefe Atemzüge, um wieder ganz im Hier und Jetzt anzukommen. Rekle und streck dich, und wenn du so weit bist, dann öffne langsam wieder deine Augen.

DIE KRAFT DES MENSTRUATIONS-ZYKLUS VERSTEHEN LERNEN

Der weibliche Zyklus ist ein Mysterium, das bereits Urvölker über die Jahrtausende hinweg stark beschäftigt hat. Früher »durften« Frauen sich aus Respekt vor den wundersamen körperlichen Vorgängen während der Zeit ihrer Menstruation in eine »Mondhütte« oder auch ein »Rotes Zelt« zurückziehen. Denn es ist wahrlich ein Wunder, dass wir bluten können, ohne krank zu sein oder gar zu verbluten, das gibt es sonst an keiner anderen Stelle und zu keinem anderen Zeitpunkt im Körper. Im »Roten Zelt« verbrachten die Frauen dann gemeinsam diese besondere Zeit in Ruhe und bei einfachen Arbeiten wie Spinnen oder Stopfen, erzählten sich Geschichten und waren von jeglichen Alltagspflichten entbunden, denn um ihren Haushalt und ihre Kinder kümmerten sich währenddessen andere Frauen aus der Gemeinschaft. Zudem war bekannt, dass die Frauen in dieser Zeit besondere spirituelle Fähigkeiten und eine engere Verbindung zur feinstofflichen Welt besaßen, sodass sie wertvolle Visionen empfangen konnten, die dann dem ganzen Stamm zugutekamen. Damals wurde noch anerkannt, dass Frauen als zyklische Wesen sich während ihrer Blutung in einer besonders weisheitsvollen Zeit befanden und diese deshalb auch naturgemäß in einem »heiligen Raum« zubrachten. Vielleicht ja sogar, um selbst zu heilen und die Gemeinschaft ein Stück weit mitzuheilen? So könnte es vielleicht gewesen sein ...

Doch wie weit haben wir uns davon entfernt, wenn Frauen mit den verschiedensten Zyklusstörungen in die Praxis kommen. Sie reichen von ausbleibender Menstruation über Zwischenblutungen, enorm verstärkte oder zu häufig auftretende Blutungen bis hin zu schweren Regelkrämpfen mit Ohnmachtsanfällen, Erbrechen, Migräneattacken und Ähnlichem. Und da fallen dann Sätze wie: »Es ist so unfair, jeden Monat zu bluten, ich wäre am liebsten ein Mann, dann müsste ich mich nicht mit diesem ganzen Mist herumschlagen, ich hasse meine Blutungen.« Was ist passiert, dass es so weit kommen konnte? Und vor allem, wie können wir all diesen Schmerz, die Ablehnung, den Hass und das Ungleichgewicht heilen?

Praxisfall „Regelschmerzen“

Marie, 30 Jahre alt, kam aufgrund prämenstrueller Beschwerden (PMS, Prämenstruelles Syndrom) und starker Menstruationsschmerzen, teilweise begleitet von Erbrechen und Ohnmacht, in die Praxis. Auch fühlte sie sich nicht gut mit ihrem Körper verbunden und hatte keinen rechten Bezug zu ihrem Frausein. Wir fanden heraus, dass die körperlichen Beschwerden bereits sieben Jahre zuvor, nach Abschluss ihres Studiums, begonnen hatten, als sie zum ersten Mal Druck verspürte, sich beruflich orientieren zu müssen. Etwa zeitgleich wurde sie von ihrem damaligen Freund verlassen und hatte großen Liebeskummer. Doch auch schon davor hatte sie sich oft ausgeschlossen und „anders“ gefühlt und Angst vor Bindungsverlusten, wenn sie ganz sie selbst wäre und aussprechen und dafür einstehen würde, was sie wolle und brauche.

Über den kinesiologischen Muskeltest, der eine direkte Verbindung zum Unterbewusstsein ermöglicht, konnten wir viele festsitzende Emotionen herausfinden und lösen. Bei diesem Test bleibt, als Antwort auf eine gestellte Frage, der Oberarmmuskel stark, wenn man versucht, ihn sanft herunterzudrücken, was ein „Ja“ bedeutet; gibt er nach, ist die Antwort „Nein“.

Durch körperpsychotherapeutische Arbeit mit der Methode der „Bindungsenergetik“, bei der meine Hand auf ihrem Unterleib ruhte, stärkten wir zunächst die Verbundenheit zu ihrem Körper und seinen weiblich-zyklischen Abläufen. Wir kamen darüber ins Gespräch, welche Gefühle und Gedanken in ihr aufstiegen (zum Beispiel auch negative Glaubenssätze und Erfahrungen in Bezug auf das Frausein, den Zyklus und Liebesbeziehungen), und ordneten ein, ob etwas eher aus ihrer Erfahrungswelt stammte oder zu ihrem ureigenen Wesen gehörte, was ihr einen inneren Reflexionsprozess ermöglichte.

Meine innere Haltung war dabei stets von Offenheit, Verständnis und liebevoller Zuwendung geprägt, als Grundlage für heilsame Transformation. Gemeinsam fragten wir ihre Gebärmutter, was sie denn noch brauche, um nicht mehr jeden Monat so krampfen zu müssen. Das gemeinsame Hinhorchen und Sich-Einfühlen halfen ihr, immer mehr Bezug zu ihrer weiblichen Intuition zu bekommen und zu erfahren, was ihr guttat, was sie brauchte und was nicht. So konnte sie sich nach und nach auch liebevoller ihrer Gebärmutter zuwenden, insbesondere in den Tagen vor und während ihrer Menstruation. Daraus erwuchs zunehmend mehr Selbstfürsorge, die eine sehr wohltuende und gesunde Wirkung für sie hatte.

Parallel dazu arbeiteten wir auf naturheilkundlicher Ebene, um die hormonellen Abläufe zu harmonisieren und die Menstruationskrämpfe zu lindern. So erlebte Marie die Menstruation von Monat zu Monat als weniger schmerzhaft, und ihr vegetatives Nervensystem musste nicht mehr mit Überreizung in Form von Erbrechen und Ohnmacht reagieren. Auch ihre PMS-Beschwerden (vor allem Brustspannen und Stimmungsschwankungen) wurden immer weniger. Nach etwa einem Jahr der gemeinsamen therapeutischen Arbeit schrieb sie dann: „Heute kann ich meinen Zyklus ganz natürlich und mit Freude erleben. Dafür bin ich sehr dankbar."

An vielen Orten geschieht das heute auch schon. Dort kommen Frauen in Heilkreisen, »Women Circles« oder »Roten Zelten« zusammen, begehen gemeinsam »Mondhüttenrituale« und begegnen sich in geschütztem Rahmen, um ihr Frausein zu erleben und ihre Weiblichkeit zu ehren und zu feiern. Auch die Erfahrung zahlreicher, seit Jahren durchgeführter Frauenheilkreise in der eigenen Praxis zeigt, wie kraftvoll, heilsam, transformierend und bedeutsam es ist, wenn wir Frauen zusammenkommen. Wenn wir uns ohne Konkurrenz als Schwestern begegnen und unsere Weiblichkeit zelebrieren können.

Ein ganz zentraler Aspekt unseres Frauseins ist dabei natürlich der monatliche Zyklus mit der Menstruation. Er läuft idealtypisch in vier Phasen ab und orientiert sich am Mondzyklus von rund 29,5 Tagen.

Menstruationszyklus

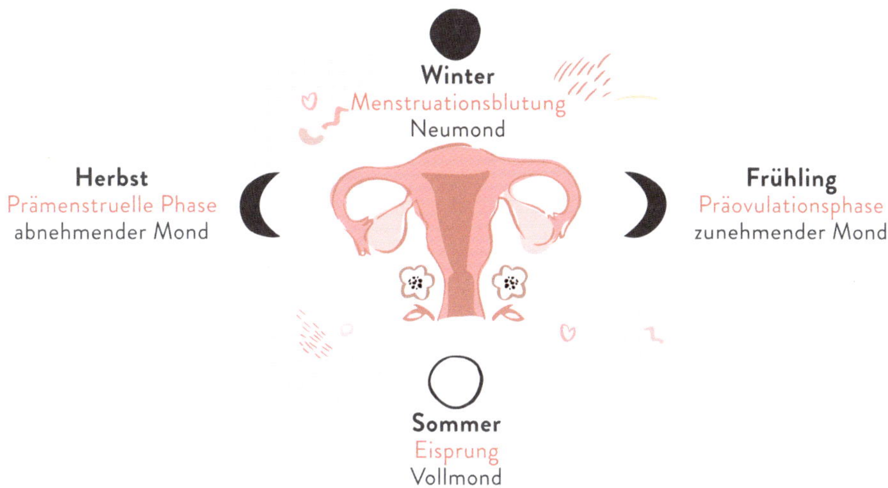

Die erste Phase, die als eine Art innerer Winter gesehen werden kann, beginnt mit dem 1. Zyklustag zu Neumond, der in alten Zeiten meist der Menstruationsblutung entsprach. Natürlicherweise haben wir dann meist ein größeres Wärme- und Ruhebedürfnis, und uns steht weniger Energie zur Verfügung, genauso wie in der kalten Jahreszeit. Auch befinden sich die Geschlechtshormone am größtmöglichen Tiefpunkt, denn erst der abfallende Progesteronspiegel löst die Blutung aus.

Darauf folgt der innere Frühling während des zunehmenden Mondes, was körperlich der sogenannten »Präovulationsphase« entspricht. In dieser Zeit bereitet sich unser Körper langsam auf den »Höhepunkt« vor, während das wichtigste Östrogen in unserem Körper, das Estradiol, langsam ansteigt. Es sorgt dafür, dass die Gebärmutterschleimhaut qualitativ aufgebaut wird und in den Eierstöcken mehrere Follikel langsam heranreifen, bis einer von ihnen dann dominant wird, um bald darauf seine große Reise anzutreten. Wir fühlen uns in dieser Zeit neugierig, offen, voller neuer Ideen und Möglichkeiten und spüren unsere Kreativität vielleicht mehr als sonst.

Im inneren Sommer dann, parallel zur Vollmondphase, erreicht das Estradiol seinen Höhepunkt, und es kommt zum Eisprung. Das stellt jeden Monat eine neue Fortpflanzungschance dar, worin rein körperlich gesehen der Sinn unserer Evolution liegt. Wir fühlen uns in dieser Phase meist kraftvoll, energiegeladen, sinnlich und unwiderstehlich – was wir in dieser Zeit auch tatsächlich sind, denn der weibliche Körper schüttet bestimmte Pheromone (Botenstoffe) aus, die uns für Männer attraktiver werden lassen. Gleichzeitig entsteht aus der beim Eisprung zurückbleibenden Eihülle der sogenannte Gelbkörper, der dann das Progesteron produziert. Es sorgt dafür, dass die Gebärmutterschleimhaut gut durchblutet und mit Nährstoffen versorgt wird, damit sich eine befruchtete Eizelle auch gut einnisten könnte. Es ist unser Wohlfühlhormon und steigt in der zweiten Zyklusphase immer mehr an, bis es etwa eine Woche vor der nächsten Blutung seinen Höhepunkt erreicht.

Damit beginnt dann der innere Herbst mit seinen (seelischen) Stürmen, die viele Frauen während der prämenstruellen Phase erleben. Es ist die Zeit des abnehmenden Mondes. Jetzt erreicht die Aktivität des Immunsystems im Zyklusverlauf ihren Tiefpunkt; wenn uns ein Infekt ereilt, dann meist jetzt. Denn falls eine Befruchtung stattgefunden hätte, müsste der Körper das »Fremde« in Form der Samenzelle akzeptieren. Das würde eine große Ausnahme darstellen, weil unser Immunsystem die Aufgabe hat, alles Fremde zu eliminieren, um das »Selbst« zu schützen. Für das Eintreten einer Schwangerschaft ist es also nicht nur hilfreich, sondern sogar notwendig, dass das Immunsystem sich nicht ganz so aktiv zeigt wie sonst.
Hat keine Befruchtung stattgefunden, beginnt das Progesteron natürlicherweise langsam zu sinken. Wenn es zu schnell abfällt oder der Gelbkörper generell zu wenig davon produziert (Gelbkörperschwäche) und es so zu einem Progesteronmangel kommt, dann entstehen nicht selten eine Reihe von Symptomen und Beschwerden, die wir dem Prämenstruellen Syndrom (PMS) zuordnen. Starke Stimmungsschwankungen, Ängste, Kopfschmerzen, Wassereinlagerungen, Heißhungerattacken, Brustspannen und Ähnliches gehö-

ren nicht zum natürlichen Zyklusverlauf, sondern sprechen eher für ein hormonelles Ungleichgewicht, das zum Beispiel mithilfe von Heilpflanzen, ätherischen Ölen oder Mikronährstoffen behoben werden kann (siehe unten). Naturgemäß sind wir in dieser Zeit nachdenklicher, werden etwas in uns gekehrter und sehnen uns vielleicht nach Rückzug. Wir möchten Zeit haben, um zu reflektieren, Dinge zur Reife zu bringen und zu ernten, um darauf erneut in den Winter einzutreten.

So startet ein neuer Zyklus, der Kreislauf des Werdens und Vergehens beginnt von vorn. Wieder beginnt eine Zeit der körperlichen und seelischen Reinigung, des Loslassens, des Fließens und der Hingabe. Mit ihrer Hilfe können und dürfen wir bewusst alles Alte gehen lassen, das wir nicht mehr brauchen, um uns von diesem Ballast zu befreien. Währenddessen bereitet sich heimlich und unbemerkt schon das Neue vor, denn bereits mit Beginn der Blutung fängt ein neues Ei an, in uns zu reifen, weil der stets weisheitsvolle Körper verstanden hat, dass es dieses Mal nicht zur Befruchtung gekommen ist. Doch eine neue Chance in einem neuen Mondmonat ist bereits da, und damit auch eine neue Möglichkeit zur innerlichen Veränderung und Neuausrichtung.

Aromaöl-Mischungen für deinen Zyklus

Vermenge das Basisöl mit den ätherischen Ölen. Trag diese Ölmischungen auf den Unterbauch sowie die Innen- und Außenseite deiner Knöchel auf und inhaliere dann den Duft für eine Minute.

1. Zyklushälfte
50 ml Mandelöl
9 Tr. Grapefruit
3 Tr. Muskatellersalbei
3 Tr. Rosengeranie
3 Tr. Ingwer

2. Zyklushälfte
40 ml Jojobaöl
10 ml Walnussöl
7 Tr. Bergamotte
5 Tr. Orange
8 Tr. Rosengeranie
4 Tr. Vetiver

WEIBLICHE ENERGIE

Was bedeutet weibliche Energie in unserem Leben und wo finden wir sie? Stell dir vor, es ist Frühling, die Sonne scheint, alle Knospen beginnen zu sprießen (Yang-Energie), sie steigen empor, dann öffnen sie sich, empfangen das goldene Licht der Sonne und nehmen dieses in sich auf (Yin-Energie). In der Natur zeigt sich die männliche und weibliche Energie genauso wie in unserem Leben. Als Frau sind wir für die Gemeinschaft und den Zusammenhalt der Familie verantwortlich, wir umsorgen unsere Kinder, empfangen den Mann beim Geschlechtsverkehr und nehmen ihn in uns auf, das ist eine weibliche Kraft. Der Mann hingegen wirbt um uns, verdient häufig das Geld, ist in Bewegung, um die Familie zu versorgen. Er dringt beim Geschlechtsakt in uns ein, dies beschreibt die männliche Kraft.

Das sind sehr vereinfachte Beispiele, und die Geschlechterrolle ist nicht mehr ganz so verteilt wie vor vielen Jahren. Sie dienen dazu, dich auf die weibliche Energie einzustimmen. Als weibliche Charakteristika gelten vor allem Hingabe, sich gezielt öffnen, etwas in sich aufnehmen, empathisch und sensibel gegenüber der Umwelt zu sein.

Uns als Frau mit all unseren »Schwächen« anzunehmen, ist auch eine weibliche Stärke. Insbesondere unser hormoneller Zyklus und dass wir nicht jeden Tag gleich gut drauf sind, macht uns häufig zu schaffen. Viele Frauen, die in unsere Praxen kommen, lehnen sich deshalb eher ab. Sie möchten alles richtig machen, vermeintlich stark sein und sich nicht eingestehen, dass sie nun mal Emotionen und Gefühle haben, die sie zum einen in den Himmel fliegen und dann wieder mit einem etwas dumpfen Gefühl auf der Erde ankommen lassen.

Der erste Schritt auf deiner Reise zur Weiblichkeit wäre, dies anzunehmen; nimm dich liebevoll in den Arm und sage innerlich: »Es ist alles gut, ich darf so sein, ich bin richtig, ich bin liebenswert, mein Körper ist mein Tempel.« So stärkst du damit deine weibliche Seite und Selbstliebe.

Weibliche und männliche Energie

Weiblich – Yin	Männlich – Yang
Hingabe, Schöpferkraft, Kreativität	fokussieren, strukturieren, entscheiden
empfangen, genießen, entspannen	schützen, handeln, Bewegung
Intuition, heilen, Sensibilität	Verstand, Kraft, Macht
Erde, Mond, Nacht	Himmel, Sonne, Tag
vorne, unten, dunkel	hinten, oben, hell
Frau, links, Mutter	Mann, rechts, Vater
Wasser, Herbst, Winter	Feuer, Frühling, Sommer

Ätherische Öle mit Yang-Charakter
Citronella, Fenchel, Ingwer, Kardamom, Koriander, Kümmel, Lorbeer, Majoran, Pfefferminze, Riesenlebensbaum, Rosmarin, Sibirische Tanne, Thymian, Weihrauch, Zedernholz, Zimt, Zitrone.

Ätherische Öle mit Yin-Charakter
Angelikawurzel, Blauer Lotus, Cananga, Eucalyptus, Geranie, Grapefruit, Jasmin, Kamille, Magnolie, Mandarine, Narde, Neroli, Orange, Palmarosa, Rosa Pfeffer, Rose, Sandelholz, Vetiver, Ylang-Ylang, Zirbe, Zypresse.

Lavendel, Bergamotteminze und Bergamotte haben eine sehr balancierende Wirkung auf beide Qualitäten.

WARUM GEHT DIE WEIBLICHE ENERGIE VERLOREN?

Ein Hauptgrund ist unsere heutige Leistungsgesellschaft. Während Frauen in anderen Kulturkreisen noch verehrt werden und der Zyklus noch etwas Heiliges ist, so sind wir in den westlichen Ländern eher leistungsorientiert. Hier interessiert es wenig, ob du jetzt deinen Eisprung hast, der Körper und

die Seele sich nach Fortpflanzung sehnen. Viele Frauen wollen heute Karriere machen und ihnen kommt das alles ganz recht, da sind der Zyklus und die Stimmungsschwankungen, das hormonelle Auf und Ab im Körper und die Regelblutung manchmal eher hinderlich.
Natürlich ist es auch eine enorme Entwicklung, dass Frauen heute Führungspositionen besetzen, dass sie wählen gehen dürfen, das war in Deutschland vor etwas mehr als 100 Jahren noch nicht der Fall. Erst ab 1971 durften die Frauen dann in der Schweiz, als letztem europäischen Land, bei Volksabstimmungen teilnehmen (im Kanton Appenzell Innerrhoden sogar erst im Jahr 1990).

Grundsätzlich ist die Emanzipation positiv zu sehen, durch die Mehrfachbelastung der Frauen mit Familie und Beruf können jedoch auch leichter gesundheitliche Probleme wie Burn-out, Depressionen, Herz-Kreislauf-Erkrankungen oder völlige Erschöpfung entstehen. Partnerschaften gehen auseinander, viele Frauen und auch Männer sind alleinerziehend. Die Frau lebt ihre weibliche Seite weniger und der Mann seine männliche, die Rollen haben sich vertauscht und es kommt zu Missverständnissen in Beziehungen. Häufig fehlt beiden der notwendige Ausgleich, die innere Ruhe des Rückzugs und der Stille, auch mal allein für sich zu sein, um zu reflektieren. Funktionieren ist das neue Mantra der heutigen Zeit.

»Was man nicht annimmt,
kann man nicht ändern.«

Carl Gustav Jung

WIE KANNST DU DEINE WEIBLICHE SEITE STÄRKEN?

Deine weibliche Seite zu stärken kann ein wundervoller Weg zu dir selbst sein. Lenke deine Achtsamkeit auf deinen Körper und umsorge ihn liebevoll. So bekommst du mehr Gefühl für das, was er braucht und was ihm gerade vielleicht fehlt. Häufig geht dies im stressigen Alltag verloren, der Körper soll funktionieren und Leistung erbringen, wobei wir hier wieder bei der männlich geprägten Yang-Energie sind. In Meditationen kannst du deine Gedanken und Gefühle verständnisvoll beobachten, alles darf sein, erlaube dir, alles anzuerkennen, wie es ist. Uns tut immer wieder ein Gang zum Friseur oder auch zur Kosmetikerin und Fußpflegerin gut. Sanfte Aroma- oder Ayurveda-Massagen sind eine weitere schöne Möglichkeit, zu deiner inneren warmen Seite zurückzukehren. Mach kleine Rituale für deine Seele, tu dir gut.

Mithilfe der folgenden Meditationen kannst du die männliche und weibliche Essenz in dein Leben zurückholen. Dabei empfehlen wir dir, diese über einen längeren Zeitraum regelmäßig in deinen Alltag zu integrieren. Unser Gehirn lernt durch Wiederholungen, alles, was wir über einen gewissen Zeitraum wiederholen, verstärkt sich und kann tief in unserem Körpersystem verankert werden. Wir verwenden dabei bewusst keine ätherischen Ölmischungen, sondern einzelne Öle zur Inhalation. Jedes ätherische Öl, das du inhalierst, dringt tief ins Gehirn, in dein limbisches System, welches das Zentrum aller Emotionen ist. Dieser Teil des Gehirns ist auch eng mit dem Geruchssinn verknüpft, weshalb wir über ätherische Öle sehr gut auch unsere Gefühle und Emotionen beeinflussen können. Manchmal kann eine Ölmischung gerade in einer Meditation zu viel im Unbewussten triggern und an die Oberfläche holen; dies alles musst du verarbeiten, und das ist alleine oft nicht möglich.

Verbinde die Auswahl des Öls mit einer Achtsamkeitsübung
Wähle das ätherische Öl, das dich am meisten anspricht, indem du es inhalierst und nachspürst, wie es dir damit geht. Du kannst es dann zur Inhalation pur in deine Hände tropfen oder mit etwas geruchsneutralem, fettem Jojobaöl vermischen.
Such dir einen ruhigen, geschützten Ort. Nimm ein Meditationskissen oder setz dich auf einen Stuhl. Sitz aufrecht, dein Kinn ist leicht angezogen, die

Schultern entspannt. Über die Füße und das Gesäß bist du mit der Erde verbunden. Mit dem höchsten Punkt am Kopf, wo auch das Kronenchakra (siehe Seite 56) sitzt, verbindest du dich mit dem Himmel. Atme dreimal tief ein und aus, lass alles los und komme im Hier und Jetzt an. Ziehe bei der nächsten Einatmung noch einmal deine Schultern bis zum Ohr und entspanne deinen gesamten Körper bei der Ausatmung. Spüre nach, wie fühlst du dich, verbunden zwischen Himmel und Erde? Du kommst nun immer mehr bei dir und im Hier und Jetzt an.
Nimm dein ätherisches Öl, verreibe es zwischen deinen Händen, atme ruhig und entspannt. Inhaliere den Duft über deine Handflächen für wenige Minuten und schließ ganz sanft die Augen.

Spüre hinein in die duftende Essenz deines ätherischen Öls.

Deine Morgen- und Abend-Meditation

Meditation am Morgen, um die Yang-Energie zu stärken

Stell dir vor, es ist ein warmer Sommertag, die Sonne strahlt, der Himmel ist klar. Du sitzt wie ein Berg auf der Erde: stabil, aufrecht, kraftvoll. Verbinde dich über den höchsten Punkt an deinem Kopf mit der Sonnenenergie und visualisiere den lichtvollen Strahl von dort über deine Wirbelsäule bis zu deinem Herzzentrum, welches mitten im Brustkorb liegt. Atme ruhig und gelassen ein und aus, fühle, wie die Wärme dein ganzes Sein erfüllt.
Verweile so lange, wie es dir angenehm ist, und komm dann wieder zurück zu deinem gesamten Körper. Öffne langsam die Augen, bleib noch für einige Minuten dort sitzen und spüre nach.

Meditation am Abend, um die Yin-Energie zu stärken

Du sitzt an einem ruhigen Fluss, hörst das sanfte Rauschen und Plätschern des Wassers. Es wird schon dunkel, der Mond geht am Horizont auf. Es ist Vollmond und der Himmel ist vollkommen klar.
Verbinde dich über deine Atmung mit deinem Herzen, atme ein und entspannt wieder aus. Verweile hier einige Minuten und beobachte deine Atmung. Öffne nun dein Herz für die kraftvolle Energie des leuchtenden Mondes. Führe diese von deinem Herzen zu deinem Unterleib und stell dir vor, dass sie deinen ganzen Schoß erfüllt. Atme tief dorthin ein und aus. Verweile so lange, wie es dir angenehm ist, und komm dann ganz langsam wieder zurück. Öffne deine Augen, bleib noch für einige Minuten sitzen und spüre nach.

Die weibliche Yang-Energie zu stärken, in dein Leben zu integrieren, ist wichtig. Dabei geht es jedoch nicht um höher, schneller, weiter, sondern darum, zu dir zu stehen, aus deiner inneren Schöpferkraft dein Potenzial kraftvoll nach außen zu tragen. Dazu braucht es die männliche, nach außen strebende Energie.

DIE HEILIGE-SOPHIA-ENERGIE ALS DEINE BEGLEITERIN

Die Heilige oder auch Göttliche Sophia (von griech. *sophia*, Weisheit) wird als weiblicher Aspekt der Christuswesenheit gesehen. Als kosmisch-weibliche Wesenheit trägt sie die gesamte Weisheit der Schöpfung in sich und gilt in ihrer ursprünglichsten Form als Schöpferin allen Lebens. Zugleich steht sie für die Kraft der neuen Erde, die einmal von uns Menschen erschaffen werden soll. Die Heilige Sophia kann uns mit der uns innewohnenden Weisheit verbinden, die uns durch das höhere Ich (oder höhere Selbst) vermittelt wird.

Höheres Ich / höheres Selbst

Das „höhere Selbst" ist der individuelle göttliche Funke, den wir alle als geistigen Wesenskern in uns tragen und vor allem im Herzen spüren können. Es ist der unsterbliche Anteil, der schon vor der Geburt da war und auch nach dem physischen Tod weiterlebt. Dann macht er in der geistigen Welt seine Erfahrungen und verarbeitet das vergangene Erdenleben, bevor er sich dann für eine erneute Inkarnation wieder mit einem physischen Körper verbindet (im Gepäck alles Erlernte der bisherigen Leben, gemäß der Idee von Karma und Wiedergeburt/Reinkarnation).

Öffne dich für die Weisheit der Sophia und lass dich von ihr im Herzen berühren.

Die Energie der Heiligen Sophia bringt uns die neue Weiblichkeit für die heutige Zeit. Sie umhüllt und verbindet alles miteinander, was wieder zusammengefügt werden möchte und der Heilung bedarf. Ihre Impulse sind edel und sanft, und sie kann uns dabei helfen, das göttlich Weibliche und das göttlich Männliche in uns (wieder) ins Gleichgewicht zu bringen.

Die Weisheit der Sophia ist eine intuitive Weisheit, stellt Intuition an sich doch eine urweibliche Qualität dar. Diese intuitive Weisheit lässt sich im Bauch wahrnehmen; bei uns Frauen ist die Gebärmutter der Bereich, wo du sie am deutlichsten spüren kannst. Von dort steigt sie auf, wird in unserem Herzen veredelt, um dann in »vergoldeter« Form mithilfe des Verstandes zur fruchtbaren Tat in der Welt zu werden. Um uns nun innerlich mit dieser Energie zu verbinden, ist es wichtig, uns ganz für ihre Impulse zu öffnen, so gut es uns gerade gelingt.

Meditation für die Sophia-Energie

Leg dir gerne eine Hand aufs Herz, die andere auf den Unterbauch und sage (innerlich): „Ich öffne mich für die Energie der Heiligen Sophia, möge sie mich in meiner Weiblichkeit unterstützen und mir größtmögliche Heilung schenken." Stell dir dann vor, wie sie als großes, wohlwollendes und sanftmütiges Wesen mit langem hellem Gewand hinter dir steht (ähnlich einem Engel, nur ohne Flügel) und dir den Rücken stärkt. Ihre silberfarbene Schale, die einer nach oben offenen Mondsichel gleicht, kann alles in sich aufnehmen, was in dir der Heilung bedarf.

Visualisiere die Schale der Sophia unterhalb deines Wurzelchakras (siehe Seite 55), sodass sie deinen Unterleib trägt und dabei hilft, ihn zu entspannen. Sie wirkt auch wohltuend und lösend auf eine krampfende Gebärmutter, zum Beispiel bei Regelschmerzen. Denn sie sorgt dafür, dass wir dort loslassen können und alle Anspannung von uns weichen darf. Und sie trägt dazu bei, Druck und Spannungen aus dem Bereich der Nebennieren zu lösen, die als sogenannte endokrine Drüsen für die Produktion unserer Stresshormone zuständig sind. Sie stehen dabei eng in Verbindung mit unseren Geschlechtshormonen und unserem Zyklus, weshalb Stress ihn aus dem Gleichgewicht bringen und zu verstärkten Menstruationsbeschwerden führen kann.

Fühle, wie sich Becken und Gebärmutter immer mehr entspannen, sodass Mutter-Erde-Energie in dich einströmen und gleichzeitig göttliche Weisheit deinen Geist durchdringen kann. Stell dir vor, wie mithilfe der Sophia-Energie heilsames, weißgoldenes Licht in deine Gebärmutter fließt, sie von alten Themen befreit und gründlich von noch vorhandenen Ahneninformationen reinigt (siehe auch Seite 15).

Atme einige Male tief bis ganz zum Wurzelchakra hin ein und wieder aus und fühl all das, was gerade gefühlt werden will. Nimm dir dafür noch ein paar Momente Zeit! Die Energie der Sophia unterstützt dich, und ihre Schale bietet dir einen geschützten Raum, um da sein zu lassen, was kommen möchte, und es dadurch zu transformieren.

Komm dann ganz langsam und sanft wieder zurück ins Hier und Jetzt. Beweg dein Becken und deinen Oberkörper ein wenig hin und her und spür nach. Wenn dir danach ist, schreib auf, was du erlebt und wie du dich dabei gefühlt hast. Und wisse, dass du dich jederzeit wieder mit der göttlichen Sophia in dir verbinden und sie um Heilung bitten kannst.

Lass innerlich los und spüre in dich hinein, wie du Sophia wahrnimmst.

DIE ENERGIE DER LILITH ALS KRAFTQUELLE

Lilith kann uns in ihren Bann ziehen, wenn wir bereit sind, uns für diese magische weibliche Urkraft zu öffnen. Diese Energie ist anders, kraftvoller, authentisch, individuell und wild, aber auch sehr lichtvoll, je nachdem, in welchem Zeichen sie steht. So lange blieb sie uns Frauen verborgen und wird nun wieder auch durch erfahrene Astrologen zum Leben erweckt. Diese Kraft fördert uns und fordert uns auf, in unser ureigenes weibliches, im Tiefen verborgene Potenzial zu kommen. Dazu braucht es häufig Mut, diese anzunehmen und zu transformieren, sowie Bewusstheit, um zu fühlen, inwieweit wir innerlich dazu bereit sind, uns auch auf sie einzulassen.

Lilith entstammt einem Mythos. Es wird erzählt, dass sie die erste Frau Adams war und ihm ebenbürtig, da sie genau wie er von Gott aus Erde geformt wurde. Weil sie sich nicht unterwerfen wollte, es immer wieder zu Auseinandersetzungen zwischen ihr und Adam kam, verließ sie das Paradies

Erspüre und genieße deine weibliche Urkraft, atme tief in sie hinein.

und zog ans Rote Meer, wo sie sich verwirklichen konnte. Sie durfte nie wieder ins Paradies zurück, und Gott erschuf Eva aus der Rippe Adams, sodass sie ihm unterwürfig war. Lilith kehrte jedoch zurück als Schlange, diese Geschichte ist uns allen aus dem Christentum bekannt. Deine weibliche Urkraft zu verbannen und in den Schatten zu stellen, wird nicht wirklich gesund für dein erfülltes glückliches Frauenleben sein, sie sucht sich ihren Weg, um verwirklicht zu werden.

Spür doch mal hinein in diese noch unbekannte weibliche Urkraft, und wenn du so weit bist, dann integriere sie in dein Leben. Du findest sie in deinem Horoskop. Sie wechselt alle neun Monate in ein anderes Zeichen. Astrologisch wird sie einer mathematischen Berechnung zwischen Erde und dem am weitesten entfernten Punkt der Erde zugeordnet. Bereits 1898 wurde der »Schwarze Mond«, wie sie genannt wird, entdeckt. Sie wurde früher mit Dämonen, dem Tod und der Dunkelheit in Verbindung gebracht, im Horoskop siehst du sie als schwarzen Halbmond. Genannt wird sie die »schwarze Göttin des Mondes und des Matriarchats« oder »Mutter aller Dämonen«. Sie steht aus unserer Sicht eher für eine unbändige, liebevolle Kraft, die entdeckt werden möchte.

Wie kannst du Lilith in dein Leben integrieren?
Um ihre Kraft näher kennenzulernen, kann es nützlich sein, dich mit bekannten Persönlichkeiten oder auch Filmen zu beschäftigen, die eine Lilith-Energie in sich tragen. Einer unserer Lieblingsfilme ist *Drei Haselnüsse für Aschenbrödel*, ein uraltes Märchen, in dem die wilde Prinzessin es mit der bösen Schwiegermutter oder reitend mit ihrem Prinzen aufnimmt. Auch *Antonias Welt* oder *Chocolat* sind hierzu zwei wundervolle Filme.
Rituale sind fantastische Möglichkeiten, diese Energie zu feiern und zu erwecken. Eines davon könnte sein, dass du deinen Körper mit Massagen, Tantra und außergewöhnlichen Speisen versorgst. Besondere Feste, die du richtig feiern kannst, sind Samhain (31. Oktober auf 1. November) oder auch der 30. April, die sogenannte Walpurgisnacht, in der die Hexen tanzen. Tantra ist im Übrigen ein spiritueller Weg und hat weniger mit verschiedenen sexuellen Stellungen zu tun, wie bei uns häufig erwähnt. Es ist das innere Feuer, das wir bei diesem Weg in uns entfachen können.

Ritual, um deine Lilith-Energie zu erwecken

Vollziehe dieses Ritual an deinem Geburtstag oder an einem für dich besonderen Tag. Rufe die vier verschiedenen Himmelsrichtungen an, Vater Himmel, Mutter Erde und alle Sterne.

Am besten machst du dies am Abend, wenn die Sonne untergeht. Besorge dir schöne Blumen, Steine, die du am Wegrand gesammelt hast, ein Tuch, auf das du alles legst, eine schöne Kerze, die dein inneres Feuer erstrahlen lässt, eine Räucherschale mit Kohle und Frauenmantelkraut. Ein passendes

Mach es dir so richtig schön und zelebriere deine weibliche Energie.

ätherisches Öl könnte Ylang-Ylang, Cananga, Rosa Pfeffer oder Rosenöl sein, das du am Ende inhalierst und auf deinen Körper aufträgst.

Bereite alles wunderschön vor, zünde deine Kerze an, verbrenne auf der Räucherkohle das Frauenmantelkraut und setz dich für einige Minuten auf den Boden. Spüre die Erde unter dir.

STEH DANN AUF UND RUFE DIE KRÄFTE AN:

An die Kräfte des Südens: Lehrt uns, den Widerstand aufzulösen gegen das, was ist. Lehrt uns, unsere Wunden in Quellen der Kraft zu verwandeln.

An die Kräfte des Westens: Lehrt uns den Weg der Intuition und Intention. Lehrt uns, Vergangenes anzunehmen und loszulassen.

An die Kräfte des Nordens: Ahnen, Eltern und Großeltern, das Wissen aller, die vor uns gelebt haben. Bitte verbindet uns mit eurer Weisheit, die unsere Intuition stärkt. Lehrt uns, auf unserem Weg zu bleiben.

An die Kräfte des Ostens: Große Vision, nimm uns mit in deine Welten und zeige uns Möglichkeiten im Leben, die wir noch nie zu träumen gewagt haben. Lehre uns, von ihr getragen zu werden.

Mutter Erde: Wir sind Teil von dir, lehre uns das Gesetz des Energieflusses. Zeige uns, dass wir mit allem und jedem verbunden sind, dass es Trennung nicht gibt. Lehre uns, Verantwortung zu übernehmen für alle Lebewesen, die Pflanzenwelt, die Tierwelt und die Steinwelt.

Vater Sonne, Großmutter Mond, an alle Sterne: Zeigt uns eure Größe, eure Weite und Kraft. Lehrt uns den Weg der Liebe.

(Anrufung nach Anita Ferraris)

Nimm nun dein ätherisches Öl, trag es auf deinen Unterbauch und die Fußsohlen auf, inhaliere es für mindestens eine Minute.

WEIBLICHE ARCHETYPEN UND INNERE ANTEILE VON DIR

Die weiblichen Archetypen sind innere Anteile unserer Persönlichkeit, die bestimmte Qualitäten und Fähigkeiten des Frauseins repräsentieren und alle gleichermaßen in uns wohnen, auch wenn wir uns dessen (noch) nicht bewusst sind. Erst wenn wir uns dieser Anteile bewusst werden, können wir uns mit ihren Kräften verbinden und sie nacheinander integrieren, was das innere Ich-Gefühl stärkt und die entsprechenden Qualitäten in unser Leben treten lässt.

Archetypen

Das Wort Archetyp stammt aus dem Griechischen (von *archē*, „Ursprung" und *typos*, „Schlag, Abdruck"), bedeutet also wörtlich etwa „Ur- oder Grundprägung". Wir verstehen darunter bestimmte universelle Urbilder, die seit jeher Menschen geprägt haben, unabhängig von Kultur, Tradition, Religion oder ihrer individuellen Geschichte. Sie sind unbewusste seelische Strukturen, die allen Menschen gemeinsam sind und auf diese Weise deren Vorstellungen, Emotionen und Verhalten beeinflussen. Vor allem lassen sie sich in Mythen, Märchen, Phantasien, Träumen und Visionen als übereinstimmende seelische Persönlichkeitsanteile finden, wie der Schweizer Psychiater und Begründer der analytischen Psychologie Carl Gustav Jung herausfand. Er erforschte diese „Urbilder und Wirkkräfte des kollektiven Unbewussten" bei zahlreichen Reisen zu verschiedenen Eingeborenenkulturen auf der ganzen Welt und erkannte, dass daraus identische unbewusste Verhaltensmuster entspringen.

Die Beschäftigung mit den Archetypen kann dabei helfen, uns mit unseren Ahninnen zu verbinden und in Kontakt mit unserer eigenen Urenergie zu kommen. Außerdem können wir so unsere innere Balance stärken und die transformativen Kräfte der einzelnen Archetypen erfahren. Denn jeder von ihnen hält ein besonderes Geschenk für uns bereit, indem er uns dabei hilft, eine bestimmte »Lektion« auf unserem persönlichen Entwicklungsweg zu lernen. Wir werden so immer vollständiger, und alle Anteile in uns dürfen sich zeigen und ihre Wirkung entfalten. Insbesondere der Kontakt zu den verschiedenen weiblichen Archetypen kann uns neue Wege eröffnen, um mehr in unsere Weiblichkeit einzutauchen und sie noch authentischer und im Einklang mit unseren Talenten zum Ausdruck zu bringen. Sobald wir die Archetypen einmal aktiviert haben, stehen sie uns für unser ganzes weiteres Leben als eine kraftvolle innere Ressource zur Verfügung.

DER KRAFTVOLLE ARCHETYP DER KRIEGERIN

Eine Kriegerin erscheint zunächst eher so, als ob sie männlich dominant wäre, eine gewisse Härte ausstrahlen und vielleicht sogar zur Gegenwehr aufrufen würde. Da scheint die Frage angebracht, wie sich das denn wohl mit weiblichen Qualitäten vereinen ließe? Tatsächlich ist es so, dass die Kriegerin zwar dafür da ist, Grenzen zu setzen, »Nein« zu sagen, und wenn es sein muss, auch kämpferisch zu handeln – doch stets im Sinne des Friedens und um das Leben an sich zu bewahren. Dabei zeigt sie mutige Standfestigkeit und übernimmt Verantwortung. Vor allem bei Ungerechtigkeiten wird sie aktiv und setzt ihre Entschlossenheit und Ernsthaftigkeit ehrenhaft zum Wohle der Schwächeren ein.
Wenn du dich mit deiner inneren Kriegerin verbindest, lernst du, dich in entsprechenden Situationen angemessen zu verteidigen, und spürst intuitiv, wann es sich lohnt, für (d)eine Sache zu kämpfen. Auch ermöglicht sie dir, besser mit vermeintlich schwierigen Gefühlen wie Wut, Hilf- oder Machtlosigkeit umzugehen. Und sie zeigt dir, wann du dich besser abgrenzen solltest, im Sinne gesunder Selbstfürsorge.

Die Kriegerin steht in Verbindung mit deinem Solarplexuschakra, dem Energiezentrum oberhalb deines Bauchnabels, auf Höhe des Sonnenge-

flechts. Von dort aus wird die an dieser Stelle zentrierte Energie zu allen weiteren Hauptchakren nach oben und unten verteilt und versorgt den ganzen Körper mit Lebensenergie (siehe Seite 55), sofern auf dieser Ebene keine Blockade vorliegt. Das Solarplexuschakra ist neben der physischen Verdauung eng mit unserer seelischen »Verdauung« verbunden, speichert also alle emotionalen Erinnerungen. Gab es viele Verletzungen, mit nicht geheilten Emotionen als Folge, dann hat die Kriegerin in uns keinen guten Kontakt zu ihrem gesunden Selbstwert, sondern über- oder unterschätzt ihn.
Es geht also darum, mutig die Bereitschaft zu entwickeln, unsere eigenen Wunden anzuschauen, Verständnis für sie zu entwickeln und vielleicht sogar einen Sinn darin zu erkennen, da sie möglicherweise förderlich für unsere Entwicklung waren.

Um dich mit der Kriegerin in dir zu verbinden und sie zu heilen, nimm dir ein bisschen Zeit für dich und schnapp dir dein Notizbuch oder dein Journal, um dich zum Beispiel mit folgenden Fragen zu beschäftigen:

- Wie sehen meine eigenen Grenzen aus, sind sie angemessen, und setze ich mich dafür ein, sie zu wahren?
- Erlaube ich mir selbst, auch mal »Nein« zu sagen (und damit »Ja« zu etwas anderem, nämlich zu meinen eigenen Bedürfnissen)?
- Welche alten emotionalen Verletzungen trage ich noch in mir, die der Heilung bedürfen?
- Bin ich bereit, anderen und vor allem mir selbst zu vergeben, dass es zu diesen Wunden gekommen ist?

Verbinde dich mit wichtigen Aspekten der Kriegerin in dir, die wir aus Prägungen heraus oft ablehnen.

DIE HEILERIN – ARCHETYP FÜR DEINE GESUNDHEIT

Die Heilerin in dir strebt immer nach Ganzheit und danach, alle alten Verletzungen zu heilen und Schuld- und Schamgefühle zu transformieren. Es geht ihr um Befreiung von alten beengenden Denk- und Handlungsmustern, die uns auf unserem Weg einschränken und unserem heutigen Ich nicht mehr gemäß sind. Die Heilerin in dir ist sanftmütig, verständnisvoll und mitfühlend und möchte dir zu deiner höchstmöglichen Version deiner selbst verhelfen. Sie kann mit Leichtigkeit verzeihen und dir auch dabei helfen, das Gleiche zu tun. Denn Vergebung ist dafür da, etwas Getrenntes zusammenzuführen und dadurch wieder ganz werden zu lassen, allerdings auf einer höheren, verwandelten Ebene.

Die indianischen Ureinwohner in Nordamerika sehen Heilungsprozesse als eine »Rückkehr zur Schönheit an« und bezeichnen das in ihrer Sprache als »Sheenasha«. So kannst du dich im Alltag auch immer dann mit deiner inneren Heilerin verbinden, wenn du deinen Blick auf Schönheit richtest, sei sie um dich herum oder in dir. Sobald du sie wahrnimmst, kannst du dort verweilen und versuchen, diese Schönheit regelrecht in dich einzuatmen und einfach mit ihr zu sein.

»Eine Krankheit erfüllt erst ihren Sinn, wenn sie geheilt wird.«

Prof. Volker Fintelmann

Deine innere Heilerin ist auch eine Meisterin der Intuition, trägt tiefes uraltes Heilwissen unserer Ahninnen in sich und kann uns in Krisenzeiten, zum Beispiel bei einer schweren Krankheit, besonders kraftvoll unterstützen. Sie hilft dir, deine Selbstheilungskräfte zu aktivieren, und bringt dich mit deiner Körperweisheit in Verbindung, wenn du sie darum bittest. Frag sie aktiv danach, was dir jetzt helfen könnte, und bitte sie darum, dich intuitiv zu dem

zu führen, was dich in deiner Selbstheilung unterstützt, seien es bestimmte Bewegungsformen wie Yin Yoga (siehe Seite 108), ein therapeutisches Gespräch, wirksame Frauenheilpflanzen, ätherische Öle, Bachblüten, homöopathische Mittel, Edelsteine, Farben, Orte in der Natur, ein Krafttier, geistige Wesenheiten wie Engel oder anderes mehr.
Nimm dir dafür einen Moment Zeit in Stille, um wirklich in dich zu gehen, nachzuspüren und innerlich zu lauschen. Nimm einfach nur wahr, was in dir aufsteigt und sich zeigen möchte, und schreib es dann auf, um dich später daran erinnern zu können.

BEGEGNUNG MIT DEM ARCHETYP DER ALTEN WEISEN

Wenn du noch sehr jung bist, ist es sicherlich etwas schwierig, dir vorzustellen, wie du mal als alte Frau sein wirst und welche Weisheit du dir dann erworben haben wirst. Der innere Anteil deiner »alten Weisen« ist jedoch bereits jetzt in dir und kann von dir aktiviert und angesprochen werden. Es ist eine mütterliche Energie, die mit allen Wesen verbunden ist und mit Güte, Hilfsbereitschaft und Wohlwollen für eine größere Gemeinschaft sorgen kann. Sie schafft Räume, in denen andere Menschen sich öffnen können, um Selbsterkenntnis zu erlangen und zu wachsen.
Weil sie weiß, dass alle ihre eigenen Erfahrungen (und Fehler!) machen müssen, um zu reifen, greift sie niemals in das Leben der anderen ein und gibt keine Ratschläge, sondern unterstützt die Ratsuchenden lediglich darin, ihren ureigenen Weg zu finden. Dafür gibt sie all ihr Wissen und ihren Erfahrungsschatz weiter, sobald sie von Menschen aufgesucht und darum gebeten wird. Ungefragt äußert sie sich niemals und stets handelt sie mit großem Bedacht. Im wahren Leben sind es oft Therapeutinnen, Lehrerinnen, Heilpraktikerinnen, Ärztinnen oder eben Großmütter, die diese Qualitäten in sich vereinen.

Begegnest du der alten Weisen in dir, so kannst du dich unmittelbar mit der dir innewohnenden weiblichen Weisheit und Intuition verbinden. Dann wirst du spüren, was in schwierigen Situationen zu tun ist, und kannst deinem inneren Ruf folgen – dorthin, wo das größtmögliche Wachstum deiner Seele auf dich wartet. Auf diesem Weg wirst du auch Schattenanteilen und inneren Abgründen von dir begegnen und darfst lernen, sie anzunehmen (siehe auch S. 86). Denn nur das, was wir bereit sind, mit dem Licht unseres Bewusstseins zu erhellen und zu durchfühlen, wird die Macht über uns verlieren und kann geheilt werden. Dabei hilft dir die alte Weise mit ihrer liebevollen Energie, die du vertrauensvoll einatmen kannst, wenn du dir jetzt einige Momente nur für dich nimmst. Frag zum Beispiel:

- Bin ich auf dem richtigen Weg, um meinen Seelenplan zu erreichen?
- Was muss ich vielleicht noch loslassen, um in meinem Leben voranzukommen?
- Was darf ich noch lernen?
- Was raubt mir Energie, was schenkt mir Kraft?
- Worauf sollte ich noch mehr achten?

Vielleicht hilft dir bei Fragen zur alten Weisen das Gehen in der Natur?

Lausche auf die Antworten, die da kommen mögen, und lass dich ganz erfüllen von der inneren Weisheit, die dich jetzt durchströmt. Bedanke dich bei der alten Weisen, dass sie dir ihr Wissen zur Verfügung gestellt hat, und erlaube, dass ihre Energie dich tiefgehend heilt; wissend, dass du sie jederzeit wieder aufsuchen kannst, wenn du ihre Unterstützung brauchst.

BEGEGNUNG MIT DEM ARCHETYP DER LIEBENDEN

Die Liebende in uns steht mit unserer Liebe, Sinnlichkeit, Lust, Leidenschaft, Intimität, Sexualität, Zärtlichkeit, Berührung, Zuwendung und Schönheit in Verbindung. Wenn wir sie nicht integriert haben, spüren wir das in unserem Leben in Form von Lustlosigkeit, Genussarmut und mangelnder Liebe für das, was wir täglich tun. Doch je mehr wir uns unserer Gefühle bewusst werden, uns erlauben, sie zu fühlen und unsere Beziehungen harmonisch zu gestalten, umso stärker können wir uns mit der Liebenden in uns verbinden. Denn ihre Hauptaufgaben sind das Fühlen und die Balance zwischen Geben und Nehmen in gesunden, liebevollen Beziehungen, so auch in der Beziehung zu dir selbst. Auch vermag die Liebende in dir das Wunder zu vollbringen, Männliches und Weibliches miteinander verschmelzen zu lassen, in dir und in der Welt, nicht nur körperlich, sondern in Verbindung mit Seele und Geist.

Begegnest du diesem wundervoll zärtlichen Archetyp in dir, dann kannst du dich auf jeder Ebene deines Seins berühren lassen und auch andere achtsam und mitfühlend berühren, um eine liebevollere Welt zu erschaffen. Die Liebende sorgt für Ausgleich all der anderen Archetypen in dir, denn sie stärkt deine Selbstliebe und die Fähigkeit, dich so anzunehmen, wie du bist. Erst diese Liebe zu dir selbst macht es dir möglich, andere wahrhaftig und freilassend zu lieben, ohne zu klammern, bedingungslos und ohne Erwartungen, denn wenn du gibst, wirst du auch empfangen (siehe auch Seite 64).

Diese kleine Auswahl weiblicher Archetypen lässt sich noch um zahlreiche weitere ergänzen wie die Königin, Künstlerin, Priesterin, wilde Frau, Mutter, Jungfrau und andere. Wenn du hier noch tiefer eintauchen möchtest, empfiehlt sich beispielsweise Sandra Waldermann-Scherhaks Buch *Rauhnacht – Rituale für Frauen*.

Reise zum Archetyp der Liebenden

Erlaube dir einen Moment der Ruhe und leg dich gemütlich hin. Nimm einige tiefe Atemzüge und schließ gerne deine Augen, wenn sich das jetzt gut anfühlt.

Versuch, dich dir selbst als Liebende vorzustellen: Wie siehst du aus, welche Frisur und Kleidung trägst du, fühlst du dich damit weiblich? Wie bewegst du dich, wie sprichst du, wie riechst du, und was berührst du mit deinen Händen besonders gern? Lass dir Zeit, das Bild in dir aufsteigen zu lassen. Es wird immer vollständiger, und langsam beginnst du, dich auch genau so zu fühlen, wie du es dir gerade in deiner Phantasie ausmalst.

Frag dich nun, wonach du dich sehnst. Ob du dir wirklich erlaubst, Genuss, Sinnlichkeit, Zärtlichkeit, Liebe und Sexualität zu leben und dir dafür auch den nötigen Raum und die Zeit gibst. Was braucht es noch, damit deine Weiblichkeit ganz erblühen darf? Welche Verletzungen wollen vorher noch geheilt werden? Vielleicht sogar kollektiver Schmerz deiner Ahninnen, den du noch in deinem Schoß trägst und der nun endlich gehen darf?

Lass die Liebende in dir mit ihrer verständnisvollen und sanften Art all das annehmen, denn so können Transformation und Heilung entstehen. All das darf sein, du darfst es fühlen, dein Körper darf reagieren, vielleicht mit Zittern, Gänsehaut oder einem Schauer, der dich durchfährt. Lass es zu und gib dich dem Prozess hin, die Liebende in dir sorgt dafür, dass du innerlich „in guten Händen" bist.

Bedanke dich dann bei deiner Liebenden und verabschiede dich liebevoll von ihr. Nimm noch ein paar tiefe Atemzüge, öffne langsam deine Augen und komm ganz wieder im Hier und Jetzt an.

CHAKREN UND MERIDIANE

Unsere innere Lebenskraft beziehen wir nicht nur aus hochwertiger, naturbelassener Nahrung über Kohlenhydrate, Fette, Eiweiße und sekundäre Pflanzenstoffe wie Chlorophyll aus Gräsern oder Polyphenole aus Früchten und Gemüse, sondern auch aus der feinstofflichen universellen Energie. Chakren und Meridiane sind Träger und Transformatoren dieser Lebensenergie, die für unser Auge nicht sichtbar, aber doch fühlbar ist. Wenn wir unsere Wahrnehmung schulen, können wir die feinen Schwingungen ganz sanft durch leichtes Kribbeln oder auch Wärme wahrnehmen.

DIE LEHRE DER CHAKREN

Sie findet sich in den Veden und *Upanishaden,* jahrtausendealten philosophischen Texten aus dem indischen Raum. Das Wort »Chakra« stammt aus dem Sanskrit, einer der ältesten Sprachen der Welt, die bis heute in Indien

Leg ganz sanft einen Finger auf dein Stirnchakra und spüre nach.

als Literatursprache verwendet wird. Es bedeutet »Rad«, »Wirbel«, »Kreis«. Chakren spielen eine wichtige Rolle im Yoga. Sie sind die Transformatoren der Lebensenergie und weisen in ihrem Inneren rotierende Aktivitäten auf. Durch ihre Bewegungen wirken sie wie ein Sog und wandeln feinstoffliche hochschwingende Energien aus der Umgebung für unseren Körper nutzbar um. Dadurch geben sie uns Kraft und Lebendigkeit, stärken unsere Organe, aktivieren Stoffwechselprozesse und unterstützen unser Hormonsystem. Es sind Energiezentren, die sowohl im physischen Körper als auch in unserem gesamten feinstofflichen System wirken.

Der Verlauf der sieben Hauptchakren geht vom Damm über die gesamte Wirbelsäule bis hin zum höchsten Punkt unseres Kopfbereichs. Das erste und das siebte Chakra öffnen sich jeweils nach oben und unten, alle anderen öffnen sich nach hinten und vorne.

DIE AUFGABEN DER CHAKREN

1. Wurzelchakra
Das erste Chakra liegt am unteren Ende der Wirbelsäule, beim Steißbein und Damm. Es gibt dir Mut, verbindet dich mit der Erde und deinen Ur-Instinkten und schenkt dir Vertrauen. Ein stabiles Wurzelchakra hilft dir, mit spirituellen Erfahrungen gut klarzukommen. Außerdem gibt es deinem physischen Körper Vitalität und Kraft.

2. Sakralchakra
Es liegt ungefähr drei Fingerbreit unterhalb des Bauchnabels und sorgt wie das Wurzelchakra für Stabilität in deinem Leben. Jedoch geht es hier eher um die Ausgeglichenheit deiner Gefühle und Emotionen.

3. Solarplexuschakra
Es liegt eine Handbreit über dem Bauchnabel, in Höhe des Magenbereichs. Hier ist der Sitz deiner inneren Sonne (es wird auch »Sonnengeflecht« genannt), deines Selbstbewusstseins und deiner persönlichen Kraftquelle. Ein kraftvolles, aktiviertes Energiezentrum lässt deine Vitalität und Lebensenergie erstrahlen.

4. Herzchakra
Dieses Chakra liegt in Höhe der Brustwirbelsäule in der Brustmitte. Ein ausgeglichenes und geöffnetes Energiezentrum lässt dich fühlen, liebevoll sein, schenkt dir Mitgefühl.

5. Kehlkopfchakra
Es liegt am unteren Ende des Halses, an der Kehle. Hier wird das zum Ausdruck gebracht, was dein Herz fühlt. Es ist für alle sprachlichen und anderen kreativen Ausdrucksformen, die feinstofflichen Wahrnehmungen und deine Phantasie wichtig.

6. Stirnchakra
Hier ist der Sitz deiner Intuition, des Hellsehens, der Weisheit und der emotionsfreien Erkenntnis. Es wird auch »Auge der Weisheit« oder »Drittes Auge« genannt und liegt zwischen den Augenbrauen. Es ist vor allem auch für die Meditation wichtig.

7. Kronenchakra
Das siebte Chakra verbindet dich mit dem Kosmos. Es liegt am höchsten Punkt deines Kopfes, direkt am und über dem Scheitelpunkt, und ist Sitz des spirituellen Willens zum Sein.

Schließ deine Augen und komm ganz bei dir an.

MERIDIANE – DIE ENERGIELEITBAHNEN

Als Meridiane werden in der Traditionellen Chinesischen Medizin Leitbahnen oder auch Kanäle bezeichnet, die unseren gesamten Körper mit feinstofflicher Energie versorgen. Organe und Gewebe werden mit diesem »Qi«, genauer gesagt dem »Ying Qi«, der reinen und klaren Energie, die aus der Nahrung und der Atemluft gewonnen wird, versorgt. Ihr Verlauf geht oftmals mit unseren Blutbahnen sowie dem Lymphsystem in Einklang, wodurch beides gut ins Fließen kommt.

Sind die Meridiane erschöpft und haben wenig Qi, so leidet unser gesamter Körper darunter und wir fühlen uns nicht mehr leistungsfähig. Die Energie kann nicht mehr frei zirkulieren, häufig kommt es zu Stauungen im Energieverlauf, und der Körper schmerzt in bestimmten Arealen. Auch das Prämenstruelle Syndrom ist ein typisches Zeichen von Stagnationen im Körper, was sich auch psychisch auf die Seele auswirken kann. Meist zeigt sich dies am Anfang der Periodenblutung mit klumpigem Blut, Schmerzen im Unterleib, und häufig hören wir von Frauen auch, dass sie Abneigung gegen ihren Partner empfinden.
Du kannst deinen Körper positiv mit einfachen Dehnübungen unterstützen, die den Energiefluss aktivieren, oder indem du regelmäßig die Energieleitbahnen mit zusammengeballter Hand vorsichtig beklopfst. Spüre nach, wo sie schmerzhaft sind, und verweile dort länger. Häufig ist der Leber- und Gallenblasenmeridian betroffen sowie der Milz-Pankreas-Meridian oder auch der Dreifache Erwärmer.

Wir haben 12 Haupt-Meridiane, die paarweise zugeordnet sind und symmetrisch auf beiden Körperhälften verlaufen:

- **Die 6 Yin-Meridiane,** dazu gehören Leber, Niere, Milz-Pankreas, Lunge, Perikard und Herz; sie verlaufen von den Zehen zum Stamm und vom Stamm zu den Fingern, liegen auf der Innenseite der Extremitäten und auf der Vorderseite des Körpers.
- **Die 6 Yang-Meridiane** sind Gallenblase, Blase, Magen, Dickdarm, Dünndarm und Dreifacher Erwärmer; sie verlaufen von den Fingern zum Gesicht und vom Gesicht zu den Zehen, sie liegen auf der Außenseite der Extremitäten und auf der Rückseite unseres Körpers.

Jedes Meridianpaar wird einer »Wandlungsphase« zugeordnet, die eine zentrale Grundlage in der traditionellen chinesischen Medizin darstellt. Häufig wird auch von den fünf Elementen gesprochen: Metall, Wasser, Holz, Erde und Feuer. Sie unterliegen zyklischen, dynamischen Prozessen, wie auch die Natur.

Um alle deine Meridiane und Chakren in die Balance zu bringen, ist eine Naturwanderung, unserer Erfahrung nach, das Beste. In der Praxis haben wir durch Herzratenvariabilitäts(HRV)-Messungen festgestellt, dass nach einem einstündigen Waldspaziergang alle Parameter sowie auch Chakren und Meridiane ausgeglichen und wieder in der Balance sind. Der Energiefluss wurde deutlich erhöht, die Stressbelastung sank (siehe auch Seite 94). HRV wird zur Messung des autonomen Nervensystems, das die unbewussten Vorgänge im Körper steuert, genutzt, um die Stressbelastung im Körper zu messen.

Die Natur hält viele Geschenke für dich bereit, gehe achtsam und genieße die Stille.

Erfahre deine Kraftquelle in der Natur

Wähle für diese Naturwanderung einen Wald mit unterschiedlichen Baumarten, einen sogenannten Mischwald. Nimm dir dafür mindestens 30 Minuten, besser noch 1 bis 2 Stunden Zeit. Jede Jahreszeit hat hier ihre besondere Qualität. Einen Block und einen Schreibstift solltest du bei diesen Wanderungen immer mit dabeihaben.

Gehe in Stille, ohne zu reden, in dieser wundervollen Natur. Achte dabei auf deine Fußsohlen und nimm die Bodenbeschaffenheit des Weges bewusst wahr. Beobachte achtsam deine Atmung, atme in deine Lunge und deinen Bauch gut ein und aus. Gehe so für mindestens 10 Minuten und verbinde dich über deine Füße immer wieder bewusst mit der Erde.

Dann richte deine Achtsamkeit auf die dich umgebende Natur. Schenke den Pflanzen und Bäumen deine Aufmerksamkeit. Bleib hier und da stehen, wenn dich eine Pflanze besonders in ihren Bann zieht, und schau sie dir genauer an. Genieße die Vielfalt der Farben und Düfte, komme innerlich im Wald an und finde deine Ruhe.

In dieser Stille kannst du Worte gedanklich wahrnehmen. Manchmal sind es deine eigenen, manchmal jedoch kommen sie auch von den Pflanzen. Insbesondere alte Bäume geben gerne ihre Weisheiten an uns weiter. Setz dich an den Fuß eines Baumes und stell dir innerlich die Frage, was dich gerade berührt. Lausche den Worten und notiere sie dir.

Deine innere Welt
ist der Schlüssel zu
Glück und Zufriedenheit.

Wie du deine innere Welt gestalten kannst

Wenn wir uns intensiver unserer inneren Welt zuwenden, lernen wir immer mehr, wie wir unser geistig-seelisches Innenleben bewusst und aktiv zum eigenen Wohl und dem Wohl aller gestalten können. Es geht darum, die Kraft deiner Seele und deines Geistes zu aktivieren, die ein ungeheures, bislang bei uns allen noch weitgehend ungenutztes Potenzial in sich birgt. Altbekannte Sprichwörter wie „Der Glaube versetzt Berge" und moderne Zitate wie „Wenn du es träumen kannst, kannst du es tun" oder „Denk dich gesund" zeugen davon.

AKTIVIERE DEINE SEELISCH-GEISTIGE KRAFT

Zur Kraft unseres Geistes gehören zum Beispiel die Fähigkeiten des Visualisierens und Manifestierens, die Dinge mit der Zeit wahr werden lassen können, auf die wir uns jeden Tag neu über einen gewissen Zeitraum hinweg innerlich fokussieren. Die bewusste Ausrichtung des Geistes setzt eine enorme Wirkkraft frei, denn die Energie folgt stets der Aufmerksamkeit. Je stärker und zielgerichteter wir also unsere Aufmerksamkeit auf etwas richten, desto mehr Energie wird dabei entstehen und ihre Wirkung entfalten.
Eine Möglichkeit ist es, dir jeden Morgen eine klare Intention für den vor dir liegenden Tag zu setzen, also eine Absichtserklärung für die Energie, in der du ihn verbringen möchtest. Zum Beispiel: »Heute bleibe ich mit Leichtigkeit in meiner weiblichen Energie«, oder »Ich gönne mir eine Pause zum Innehalten, wann immer ich sie brauche«, oder »Ich nehme mich in jedem Moment an, so wie ich gerade bin«.

Um auch die Kraft deiner Seele zu aktivieren, hilft dir vor allem das Gefühl der Dankbarkeit, das du in einer täglichen Dankbarkeitspraxis selbst hervorrufen und verstärken kannst. Morgens nach dem Aufwachen und/oder abends vor dem Einschlafen sagst du dir zum Beispiel drei Dinge, für die du gerade dankbar bist, oder schreibst sie direkt in dein Journal. Dass wieder ein neuer Tag vor dir liegt, ist nicht selbstverständlich – daher ein Grund zur Dankbarkeit. Auch dass du ein Dach über dem Kopf, genug zu essen und vermutlich eine Arbeit, Ausbildung oder einen Studienplatz hast, sind Dinge, für die du dankbar sein kannst. Und für deinen Körper mit all seinen wunderbaren und weisheitsvoll ineinandergreifenden Funktionen, vor allem, wenn du dich gesund fühlst, darfst du ebenfalls dankbar sein.

Je mehr es dir dann gelingt, die Dankbarkeit nicht nur zu denken, sondern auch wirklich im Herzen zu fühlen (siehe auch S. 96), umso stärker wirkt sie wie ein Heilelixier auf dein ganzes System und stabilisiert dich seelisch und körperlich. Gerade wenn du dich an manchen Tagen nicht so gut fühlst, müde

oder schlecht gelaunt bist, kann dir die morgendliche Dankbarkeitspraxis helfen, dennoch deinen inneren Fokus auf das Positive zu richten, das letztlich neben allem anderen immer auch da ist.

Auch an einem vermeintlich »schlechten« Tag, den du abends am liebsten aus deinem Kalender streichen würdest, wirst du etwas finden können. Denn es ist bekanntlich nur eine Frage der Perspektive, worauf wir uns konzentrieren und welchen Dingen und Situationen wir dadurch die Macht verleihen, sich in unserem Leben zu vermehren und zu wachsen.

DIE GEISTIGEN WIRKPRINZIPIEN FÜR DEINEN INNEREN WEG

So wie es in der physischen, für uns sichtbaren Welt gewisse Naturgesetze gibt, die unser Leben bestimmen, zum Beispiel das Gesetz der Schwerkraft, so gibt es auch geistige »Gesetze« oder Prinzipien (die »hermetischen Gesetze«), die auf feinstofflicher Ebene großen Einfluss auf unser Leben haben. Diese wichtigen sieben Prinzipien zu kennen und nach ihnen zu handeln, kann dir helfen, mehr mit dir und deiner Umwelt im Einklang zu sein und dein Leben nach deinen Wünschen und Träumen zu gestalten.

1. Das Prinzip des Geistes oder der Schöpfung
Alles im Universum basiert auf Geisteskraft (feinstofflicher Energie) und ist miteinander verbunden. Und alles, was wir um uns herum sehen, ist letztlich ein Spiegel unserer inneren geistigen Aktivität, denn »Geist formt Materie«. Wir sind also Schöpfer der physischen Realität, in der wir leben: Jedes Gebäude, das du sehen kannst, war zunächst nur ein Gedanke des Architekten, der es entworfen hat.
Und so kannst auch du dein Bewusstsein darauf richten, was du in deinem Leben und für die Welt erschaffen möchtest, und genau dafür die Verantwortung übernehmen. Du kannst zum Beispiel intuitiv, kreativ, hingebungsvoll, ganz in Yin-Energie schöpferisch tätig werden und ausprobieren, was du dadurch Unterschiedliches erschaffen wirst.

»Groß sind die, die sehen, dass geistige Macht stärker ist als materielle und dass Gedanken die Welt regieren.«

Ralph Waldo Emerson

Die Kraft deiner Gedanken

Achte einmal in deinem Alltag bewusst darauf, was du durch deine Gedanken alles erzeugst und welche direkten Auswirkungen das auf dein Befinden hat. Und das wirkt sich auch unmittelbar auf dein Umfeld aus. Mit der Kraft deines Geistes zu erschaffen, verleiht dir also eine große Macht! Notiere es hier eine Woche lang und reflektiere dann.

Montag ....

Dienstag ....

Mittwoch ....

Donnerstag ....

Freitag ....

Samstag ....

Sonntag ....

2. Das Prinzip der Resonanz oder Anziehung

Es wird auch als Gesetz der Entsprechung oder Analogie bezeichnet und bedeutet, dass alles miteinander im Verhältnis steht: wie oben, so auch unten, wie im Kleinen, so im Großen, wie innen, so auch außen. Wenn du etwas in deiner äußeren Welt verändern möchtest, so bedarf es dafür zunächst einer Veränderung in deinem Inneren – das Äußere wird sich daraufhin in deinem Erleben *entsprechend* verändern.

Regelmäßiges Yoga und Dehnübungen erhöhen deine Schwingungsfrequenz.

Das, womit du in Resonanz gehst, entspricht jeweils deiner eigenen aktuellen Schwingungsfrequenz und diese kannst du selbst verändern. Denn du entscheidest, in welcher Stimmung du schwingst und was du damit aussendest: Wenn du traurig oder wütend bist, wirst du im Außen auch mehr Erfahrungen machen, die deine Traurigkeit oder Wut wiederum bestätigen oder sogar verstärken. Umgekehrt wird ein innerlich von dir erzeugtes Gefühl der Dankbarkeit, wie oben beschrieben, dich auch mehr Situationen erleben lassen, für die du wiederum dankbar sein kannst.

3. Das Prinzip der Schwingung

Alles im Universum ist sich bewegende Energie und hat eine bestimmte Grundschwingung. Bereits seit den 1960er-Jahren hat die Quantenphysik sich damit beschäftigt, dass Materie keine starre unbewegliche Masse darstellt, sondern aus sich unentwegt bewegenden, vibrierenden Teilchen besteht, die sich permanent verändern. Das heißt, auch wenn dir etwas als »fest« erscheint, so ist es in Wirklichkeit schwingende Energie auf einer sehr tiefen (grobstofflichen) Frequenz.
Genauso strahlen deine Gedanken und Gefühle stets eine bestimmte Frequenz aus, die höher ist als bei Materie, weil wir uns stärker im feinstoffli-

chen Bereich bewegen. Je nachdem, ob du zum Beispiel Gedanken des Mangels oder der Fülle hegst, verbunden mit Gefühlen von Angst oder Liebe, schwingen sie auf einer niedrigeren oder deutlich höheren Frequenz und bestimmen damit deine jeweilige eigene Schwingungsfrequenz, die sich in hohem Maße auf dein Lebensglück auswirkt (siehe auch Prinzip der Resonanz). Du wirst merken, dass du dich deutlich wohler fühlst, wenn du mit einer höheren Frequenz unterwegs bist. So kannst du als Akt der Selbstfürsorge mal für dich damit experimentieren, was deine Schwingung positiv oder negativ beeinflusst. Dann wählst du die jeweiligen Handlungen bewusst aus und beeinflusst damit direkt deine Schwingungsfrequenz.

Hier ein paar Anhaltspunkte für beide Seiten:

Führt zu höherer Schwingung: in die Natur gehen, meditieren, kreativ tätig sein, tanzen, Yoga, gesunde Ernährung, anderen helfen, etwas erschaffen, Lächeln, Dankbarkeit, sanfte, zum Beispiel klassische Musik (eher Yin-Energie).

Führt zu niedrigerer Schwingung: viel Fernsehen, besonders Nachrichten, Horror-/Kriegsfilme, Krimis, Pessimismus, Sorgen, Hass, nicht vergeben können, Fast Food, Schweinefleisch, aggressive Musik (eher Yang-Energie).

4. Das Prinzip der Polarität oder der Gegensätze

Dieses Prinzip besagt, dass alles zwei Seiten hat, die sich als Gegensätze gegenüberstehen wie Nord- und Südpol, hell und dunkel, heiß und kalt, gesund und krank oder Ruhe und Bewegung. Es beschreibt die Dualität, die uns während des Lebens hier auf der Erde immer begleitet und Entscheidungen für oder gegen etwas abverlangt. Die zwei Seiten einer Medaille sind letztlich nur Ausdruck ein und derselben Sache in jeweils unterschiedlicher Ausprägung: Heiß und kalt sind jeweils subjektive Grade von Wärme, wobei die Extreme sich in der Mitte begegnen. Auf emotionaler Ebene sind es Angst und Liebe, welche die zwei äußersten Pole auf der Gefühlsskala darstellen.

Nur diese Vielfalt ermöglicht es hier auf Erden, dass unsere Seele sich in den unterschiedlichsten Situationen erfahren kann, um sich bestmöglich zu entwickeln. Dabei geht es darum, vom Entweder-oder zum Sowohl-als-auch zu kommen, bei dem alles in uns und um uns herum sein darf, und sei es vermeintlich auch noch so gegensätzlich. Du bist eben Yin UND Yang, und es geht um den Ausgleich dieser Energien in dir. Du darfst alle männlichen und weiblichen Aspekte in dir integrieren – auch jene, die du bisher noch abgelehnt hast!

5. Das Prinzip des Rhythmus

Alles in unserem Leben unterliegt gewissen Rhythmen, was wir zum Beispiel an Tag und Nacht, Ebbe und Flut oder den Jahreszeiten sehen. Alles fließt und folgt dabei den unsichtbaren Ausschlägen eines Pendels in die eine und wieder in die andere Richtung – von einem Pol zum anderen (siehe auch Prinzip der Polarität). Der Rhythmus wirkt stets ausgleichend und sorgt für Harmonie. Es gibt sogar den weisen Ausspruch »Rhythmus trägt Leben« von Rudolf Steiner, dem Begründer der Anthroposophie, auf die Frage von Rudolf Hauschka (Begründer der WALA Heilmittel GmbH), was denn Rhythmus sei. So können wir auch auf körperlicher Ebene feststellen, dass ausgewogene Rhythmen die Quelle unserer Lebenskraft darstellen. Eine Balance zwischen Ein- und Ausatmen, Schlafen und Wachen, bei der Nahrungsaufnahme und zwischen Ruhe und Bewegung ist die Grundlage für Gesundheit und damit auch für dein hormonelles Gleichgewicht und deinen Zyklus.

6. Das Ursache-Wirkung-Prinzip

Es ist das Prinzip, das auch die Idee des Karmas enthält: Alles, was wir denken, fühlen oder tun, hat eine Wirkung und alles, was uns widerfährt, eine Ursache. Diese Ursache kann in einem unserer Gedanken oder Handlungen aus diesem oder einem früheren Leben liegen (dann sprechen wir von Karma). Gemäß diesem Prinzip gibt es keinen Zufall in der herkömmlichen Bedeutung, sondern uns fällt das zu (Wirkung), was wir zuvor selbst kreiert haben (Ursache).

Oft lassen sich Ursache und Wirkung nicht so leicht einander zuordnen, weil eine lange Zeit dazwischen liegt (vielleicht sogar ein ganzes Leben). Wir können es uns dann aber so vorstellen wie das Säen von Samen, die lange Zeit in der dunklen Erde ruhen, bevor sie mithilfe von Wasser, Nährstoffen und Sonne schließlich aufgehen, zu einer lebendigen Pflanze heranwachsen und schlussendlich wunderschöne Blüten hervorbringen.

Wenn wir dieses Prinzip wirklich verstehen, können wir immer bewusster unsere Schöpferkraft einsetzen und genau die Ursachen hervorbringen, die es braucht, um die von uns gewünschten Wirkungen zu erzielen.

7. Das Prinzip des Geschlechts

Alles in unserem Universum unterliegt den Gesetzen von männlich und weiblich, von Yin und Yang. Diese zwei Energien durchdringen alles und bestimmen in hohem Maße unser Leben. Es sind zwei Aspekte, die eine Einheit bilden und nicht als Gegensätze zu verstehen sind. Wir tragen beide in uns, und es geht darum, sie immer mehr miteinander in Balance zu bringen, denn keiner ist besser oder schlechter (siehe auch Seite 32).

Wir wollen, unabhängig vom biologischen Geschlecht, sowohl die männliche als auch die weibliche Energie in uns integrieren, um auf diese Weise in unsere volle Schöpferkraft zu kommen und unser ganzes Potenzial zu leben. Das bedeutet konkret, dass du alle Anteile von dir annehmen darfst, sei es deine weibliche kreativ-intuitive, emotionale Seite oder der männlich dominierte, auf Leistung ausgerichtete »Funktioniermodus«. Sobald in dir eine »ungeliebte« Energie auftaucht, die deinem Selbstbild widerspricht oder mit der du bereits schlechte Erfahrungen gemacht hast, versuch dir zu sagen: »Dieser Zustand darf sein und ich nehme ihn jetzt an, es ist okay, so wie es ist«, und spüre nach, was sich verändert.

Halte immer wieder kurz inne und versuche, Yin und Yang in dir auszubalancieren.

BEWUSSTSEIN UND PRÄSENZ

Unser Bewusstsein ist wahrscheinlich einer der faszinierendsten Bereiche unseres Menschseins. Es ist nicht geklärt, in welchem Teil des Gehirns sein Sitz ist. Sicher ist aber, dass dieses eine entscheidende Rolle dabei spielt, was unser Bewusstsein erreicht und was nicht, denn über unser Gehirn wird alles gesteuert. Es verarbeitet alle Informationen, die von innen oder außen auf uns zukommen, und filtert sie, um nicht mit Eindrücken überflutet zu werden.

Beim Lesen dieser Zeilen kannst du die Wörter geistig und mental aufnehmen, dir ist somit bewusst, was du hier liest. Im Verborgenen, im sogenannten Unbewussten, liegt jedoch vieles, was dir nicht bewusst ist. Häufig werden auch bestimmte Situationen unbewusst von uns bewertet. Vielleicht hast du schon mal von dem sogenannten »Eisbergmodell« gehört. So wie sich bei einem Eisberg der größte Teil (80 bis 90 Prozent) unter Wasser befindet, so hat bei uns das Unbewusste einen vergleichbar großen Anteil. Und menschliches Verhalten und Handeln ist nur zu einem kleinen Teil bewusst, durch rationales Denken bestimmt.
Du kennst das sicherlich auch: Es triggert dich etwas, bringt dich vollkommen in Rage, und du weißt nicht, warum. Dabei handelt es sich meist um Informationen im limbischen System, noch von alten Zeiten bewertet, die so wieder durch eine bestimmte Situation zum Vorschein kommen.

So stellt sich die Frage, wer unser Leben regiert. Aus diesem Grund ist es enorm wichtig, wem du deine Aufmerksamkeit schenkst und dass du dir deine Gefühle und Emotionen genau anschaust, wenn sie plötzlich und unerwartet hochkommen. Wenn du dein Leben in deine Hände nehmen, mehr deine Weiblichkeit leben und Erfüllung und Glück in dein Leben integrieren möchtest, schenke dir, deinen Bedürfnissen und Gefühlen mehr Aufmerksamkeit. Was macht dich als Frau aus, welche Anteile liegen noch tief im Verborgenen und sehnen sich nach deiner achtsamen Selbstfürsorge? Ein erster Schritt ist deine Präsenz, das Ankommen im Hier und Jetzt.

Wie kommst du am besten im Hier und Jetzt an?

Notiere dir auch deine eigenen Möglichkeiten, wie du deine Präsenz stärken kannst:

- Höre dem Plätschern des Wassers zu.
- Achte in der Stille auf dein Ein- und Ausatmen.
- Schau ein Bild an.
- Beobachte Vögel beim Spielen und lausche ihrem Gesang.
- Scanne gedanklich deinen Körper (siehe Seite 102)

- ....
- ....
- ....

Um unbewusste Anteile aus tiefen Ebenen zum Vorschein zu bringen und mit ihnen zu arbeiten, braucht es häufig viel Zeit. Es gibt unterschiedliche Wege, dein Unbewusstes besser kennenzulernen. Meditation, Achtsamkeit, Coaching und Hypnose sind einige Methoden. Die Cluster-Medizin (von engl. cluster, Anhäufung, Zusammenballung) ist eine hervorragende Möglichkeit, um unbewusste Anteile sichtbar zu machen und uns selbst besser zu verstehen. Hier gibt es keine isolierten Ereignisse, sondern alles hängt miteinander zusammen und wird durch eine spezielle Kristallisation, zum Beispiel aus Blut oder Speichel, im Labor sichtbar gemacht. Über speziell aufbereitetes Wasser, Licht oder Klänge wird dies therapeutisch unterstützt. So kann sich

relativ schnell im Bewusstsein vieles transformieren. Der Wunsch, sich zu verändern, kommt jedoch vom Menschen selbst. Oftmals spielen schwerwiegende Erkrankungen wie Krebs, Burn-out oder auch Autoimmunerkrankungen eine Rolle, endlich das Leben selbst in die Hände zu nehmen und eigenverantwortlich zu handeln.

»Hingabe an den Augenblick wirkt wie Zuwendung zu sich selbst.«

Else Pannek

HOCHSENSIBILITÄT – NEUROSENSITIVITÄT

Kennst du das, in Menschenmengen fühlst du dich schnell erschöpft und überfordert? Du erfühlst und erfüllst die Wünsche deines Partners, da du sie durch deine hohe Sensitivität unbewusst wahrnimmst? Manchmal kannst du nicht unterscheiden, ob das deine Gedanken und Gefühle sind oder eher die deines Gegenübers? Als Perfektionistin möchtest du alles korrekt und vor allem es vielen Menschen recht machen? Oder du bist mit mehreren Freundinnen zusammen und fühlst dich von einer Minute auf die andere unsicher, traurig und depressiv, wenn eine Freundin von ihrem Liebeskummer erzählt? Dann könnte es sein, dass du hochsensibel bist.

Für hochsensitive Menschen oder auch »Highly Sensitive Persons«, ein Begriff, den die amerikanische Psychologin Dr. Elaine N. Aron 1996 prägte, kann Bewusstseins- und Achtsamkeitsarbeit eine Transformation in ein entspanntes und glückliches Leben sein. Häufig ist gerade der Arbeitsalltag für viele eine Tortur. Wenn du dir deiner Gefühle und Emotionen, deiner Gedanken und Handlungen bewusst bist, du es schaffst, dich von äußeren Einflüssen und anderen Menschen besser abzugrenzen und bei dir zu bleiben, dann kannst du dir dein Leben gestalten. Deine innere Welt besser kennenzulernen, deine Gedanken und Gefühle besser wahr- und anzunehmen, kann sehr heilsam sein. Sich seiner selbst bewusst zu sein, liebevoll und achtsam, ist aus unserer Sicht eine lebenslange Aufgabe, aber auch eine zutiefst befriedigende Herausforderung. Wenn du dazu noch hochsensibel bist, dann wird dies zu einem wichtigen Teil deines Lebens.

Wenn du eine sehr kreative Frau bist, ist es besonders wichtig, dir immer wieder Auszeiten für diese besondere Gabe zu nehmen. Häufig vergessen wir dies im Alltag und spüren erst wieder, wie gut es uns tut, beispielsweise zu malen oder zu basteln, wenn wir darin eintauchen und alles um uns herum völlig vergessen. Deine Seele ist dankbar für diese Zeiten.

Merkmale der Hochsensibilität

- Empathie ist deine große Stärke.
- Du hast eine hervorragende Intuition.
- Aufgrund von Ablehnungen und Erfahrungen hast du ein mangelndes Selbstwertgefühl, fühlst dich anders oder auch ausgeschlossen.
- Alles wird intensiver wahrgenommen, so auch Gefühle und deine Emotionen.
- Erhöhte Kreativität; Musik, Schreiben, Tanzen sind eine Leidenschaft von dir.
- Du fühlst dich schneller und stärker überfordert von äußeren Reizen.
- Deine lebhafte innere Welt kann dir manchmal zu viel sein.

Der Begriff »Hochsensibilität« ist zu einem Modewort geworden, es klingt nach Überempfindlichkeit und hat einen eher negativen Touch. Wissenschaftlich genauer finden wir den Begriff der »Neurosensitivität«, der für uns dieses faszinierende Thema deutlich besser beschreibt und den wir im Folgenden verwenden. Wir halten uns hier an Patrice Wyrsch, der seine Dissertation darüber geschrieben hat, und empfehlen dir auch seinen Sensitivitätstypen-Test unter www.patricewyrsch.ch.

WAS IST NEUROSENSITIVITÄT?

Nach Prof. Dr. Michael Pluess ist Neurosensitivität die Fähigkeit, Umgebungsreize, die zum einen von innen, wie Gefühle und Gedanken, oder auch von außen kommen, zu registrieren und zu verarbeiten. Diese Fähigkeit kann durchschnittlich (bei der Mehrheit der Menschen), verringert oder erhöht ausgeprägt sein.

Eine erhöhte Neurosensitivität zeigt sich in vier Bereichen: als erhöhtes Bewusstsein, erhöhte Empathie, tiefere Informationsverarbeitung (diese drei Facetten gelten auch als »Sonnenseiten«) und als höhere Stressgefährdung (»Schattenseite«).

Die außergewöhnlich hohe Sensitivität wirkt sich sowohl im Positiven wie im Negativen aus. Die erhöhte Wahrnehmungsfähigkeit lässt auch unterschiedliche Energiefelder erfassen, welche die meisten Menschen gar nicht registrieren. Doch auch wenn negative Reize, die »Schattenseiten«, überwiegen, sind wir dem nicht ausgeliefert, sondern haben, durch achtsamkeitsfördernde Techniken wie Yoga und Meditation, die Möglichkeit, dem entgegenzuwirken und es zu ändern.
In der Hoffnung, dass irgendwann diese verschiedenen Wahrnehmungsmöglichkeiten anerkannt werden, wünschen wir uns, dass viel mehr Menschen davon erfahren, dass es das gibt und vor allem ganz normal ist. Denn für uns war es ein jahrzehntelanger Weg, uns selbst so anzunehmen, mit all unseren Fähigkeiten, die wir nun erfolgreich in unseren Naturheilpraxen einbringen können.

Wichtige Einflussfaktoren und was du selbst tun kannst
Deine Kindheit, das heißt, wie du aufgewachsen bist, spielt hier eine große Rolle. Häufig hat es schon während der Schwangerschaft Prägungen im Mutterleib gegeben, durch innere oder äußere Einflüsse. Aber auch ein anstrengendes Umfeld lässt ein Kind feinfühliger werden, um auf die Reize von außen wachsamer reagieren zu können. Wenn du nun im Erwachsenenalter spürst, dass du schnell überfordert bist, wenn zu viele Reize auf dich einwirken, dann suche dir ganz bewusst deine Auszeiten, um dich wieder besser zu erkennen. Da wir selbst hochsensitiv und medial veranlagt sind und Energien im feinstofflichen Bereich stärker wahrnehmen können als manch andere Frau, können wir das sehr gut nachvollziehen.

Die Natur und Mutter Erde ist unsere große Heilerin, deshalb genießen wir jede Möglichkeit, insbesondere im Wald oder am Wasser unsere Auszeiten zu nehmen. Als Basis ist körperliches Training sehr wichtig, um dich selbst und deinen Körper besser zu spüren. Körper und Geist kommen in Harmonie, und du fühlst dich entspannt. Dabei solltest du auf ein moderates Training achten. Eine kleine Runde Joggen oder Radfahren wirkt meist effektiver, als den Körper komplett auszupowern, wozu neurosensitive Menschen oft neigen. Auch eine Bergwanderung, Schwimmen, Waldbaden und sich mit den Elementen der Natur zu verbinden können sehr heilsam sein. Währenddessen könntest du immer wieder eine Achtsamkeitsübung einbauen (siehe auch Seite 102). Yoga oder Qigong sind wertvolle Hilfen, um deinen Alltag bewusster zu gestalten. Nimm dir also immer wieder gezielt deine Auszeiten, das ist sehr wichtig, um als neurosensitive Frau gesund und glücklich zu sein.

Aura-Aromaspray

Mit dieser Aroma-Mischung kannst du deine Sensitivität vor zu vielen äußeren Einflüssen schützen.

Das brauchst du:

- 1 Sprühflasche aus Braunglas (100 ml)
- 95 ml Quellwasser
- 5 ml reiner Alkohol
- 10 Tr. Weihrauch
- 20 Tr. Römische Kamille
- 30 Tr. Bergamotte

Gib zuerst die ätherischen Öle in die Sprühflasche, dann das Quellwasser und den Alkohol. Lass diese Mischung 3 Wochen an einem kühlen, dunklen Ort „reifen“.

Schüttle die Flasche, bevor du die Essenz verwendest und vom Kopf aus über deinen Körper sprühst.

Inhaliere den Duft und bleib für einige Minuten mit geschlossenen Augen stehen.

GEFÜHLE UND EMOTIONEN

Nicht nur als neurosensitive Frau ist es hilfreich für dich, diese Begriffe unterscheiden zu lernen, die wir im Alltag oft synonym verwenden, obwohl sie sich in Wirklichkeit deutlich voneinander unterscheiden. Eine Emotion kann als Energie in Bewegung bezeichnet werden, die aufgrund von bewusster oder unbewusster Wahrnehmung der Umgebung ausgelöst wird. Bei Gefühlen geht es um die menschlichen Grundgefühle, die kulturübergreifend in gleicher Art und Weise zum Ausdruck gebracht und als wesentlicher Bestandteil des Menschseins angesehen werden. Sie stellen soziale Kräfte dar, die wir brauchen, um in Beziehungen interagieren zu können. »Grundgefühl« bedeutet in diesem Zusammenhang, dass es eine Grundlage für weitere Gefühle darstellt und sich nicht weiter auf ein noch grundlegenderes Gefühl reduzieren lässt. Das sind die Gefühle Wut, Angst, Traurigkeit, Ekel, Überraschung, Freude und Verachtung; teilweise werden auch noch Scham, Schuld, Hass und Liebe dazugezählt.

Die Verarbeitung der Gefühle findet hauptsächlich im limbischen System des Gehirns statt. Dabei sind Gefühle nur als ein Teil von Emotionen anzusehen, denn dazu gehören auch noch die körperlichen Reaktionen (wie zum Beispiel Lachen bei Freude oder Weinen bei Traurigkeit) und bestimmte Denkprozesse wie Vergleichen (mit früheren Situationen), Interpretieren (ob Gefahr droht) oder Entscheiden (muss ich kämpfen, wegrennen, oder kann ich mich entspannen).

Hier ist es wichtig zu verstehen, dass diese Prozesse nicht völlig beliebig in uns ablaufen, Gefühle also nicht einfach von selbst entstehen, sondern wir sie letztlich selbst erzeugen. Und zwar durch die Interpretationen und Bewertungen, die wir vornehmen, wenn uns etwas oder jemand begegnet.

»Das ist ja eine furchtbare Situation«, denken wir, wenn wir uns zum Beispiel leichtbekleidet, ohne Handy und Portemonnaie aus unserer Wohnung ausgeschlossen haben, und direkt entsteht Angst in unserem System (das Beispiel beruht auf einer persönlichen Erfahrung). Doch es ist Sommer, gegenüber ist eine Kneipe, die sogar schon geöffnet hat, und hilfsbereite Menschen suchen nach einem Schlüsseldienst und leihen ihr Telefon, um dort anrufen zu können. Das danach Ins-Gespräch-Kommen mit völlig Fremden hat etwas Belebendes und Aufregendes und fühlt sich fast an wie ein kleines Abenteuer. Da spielt es dann gar keine Rolle mehr, barfuß zu sein, ungekämmte Haare zu haben und nichts bei sich zu tragen, was uns sonst Sicherheit geben würde (eine Handtasche mit Handy, Geldbörse, Schlüsseln und allerlei Utensilien, die unser Wohlgefühl steigern, wie Lippenpflegestift, Taschenspiegel, Aromaölroller, Kaugummis, Tampons, Kugelschreiber etc.)

»Die meisten Menschen sind sich der Tatsache, dass sie ihre Gefühle selbst erschaffen, nicht im Geringsten bewusst.«

Vivian Dittmar

Die Frage ist also, woher die Interpretationen und Bewertungen stammen, die unser Verstand als Reaktion auf innere oder äußere Vorgänge produziert, und wie wir sie bewusst steuern können. Sehr oft ist es so, dass die als Erstes in einer Situation auftretende Interpretation aus dem Gewohnten stammt, also aus dem, wie wir in unserer Kindheit und Jugend geprägt wurden. Im Laufe der Jahre haben sich unbewusste Gedanken- und Gefühlsmuster etabliert (siehe auch Seite 88), die uns bis zum heutigen Tag (mehr oder weniger) gut durchs Leben gebracht haben; stets mit dem Ziel, für größtmögliche Sicherheit zu sorgen, was die Hauptaufgabe unseres (heranreifenden) Gehirns darstellt.

Je stärker diese Prägungen und »Schranken«, in denen wir groß geworden sind, von unserem ureigenen Wesen abweichen (ein aufgewecktes, leidenschaftliches Mädchen soll beispielsweise ständig brav und ruhig sein) und uns damit in unserem wahren Potenzial einschränken, umso wahrscheinlicher treten im Erwachsenenleben körperliche oder psychische Symptome auf. Sie wollen uns dann Hilfestellung geben und Wegweiser sein, um uns zu entwickeln und langsam unsere Anlagen mit allen Fähigkeiten und Begabungen zu entfalten – und damit auch immer mehr unsere eigenen gesunden (Grund)gefühle zu erschaffen, wie Freude, Ruhe, Klarheit, Vertrauen, Liebe, Zufriedenheit, Zuversicht, Akzeptanz, Toleranz, Gelassenheit, Geduld, Dankbarkeit, Wertschätzung, Anerkennung und andere.

Wenn du nun für dich erkennst, dass du selbst es bist, die ihre Gefühle erschafft, durch die Art und Weise, wie du eine Situation bewertest, dann lässt sich leicht verstehen, dass wir alle auch für unsere Gefühle verantwortlich sind und niemandem die »Schuld« dafür geben können. Um hier immer autonomer unterwegs zu sein und dich selbst zu ermächtigen, Herrin über dein Gefühlsleben zu werden, kannst du den Vorgang des Erzeugens von Gefühlen bewusst üben. Die folgende Übung haben wir abgewandelt aus dem Buch *Gefühle und Emotionen – Eine Gebrauchsanweisung* von Vivian Dittmar übernommen.

Sei Schöpferin deiner Gefühle und gehe deinen ganz eigenen Weg.

Gefühle erschaffen

1. SCHRITT: **Stell dir eine neutrale Situation im Alltag vor,** die dich nicht auf die Palme bringen kann, zum Beispiel sitzt du in einem Straßencafé und beobachtest die vorbeigehenden Passanten.

2. SCHRITT: **Versuche dann, bewusst mit verschiedenen Interpretationen zu reagieren,** welche die unterschiedlichen Grundgefühle in dir erzeugen. Hier jeweils ein Beispiel für die fünf wichtigsten Gefühle:
   - **Es ist falsch,** dass die vorbeigehenden Jugendlichen so laut miteinander lachen, weil mir das meine wohlverdiente Ruhe raubt – das erzeugt dann Wut.
   - **Es ist schade,** dass gerade niemand Bekanntes vorbeikommt, weil ich mich dann nicht so allein fühlen würde – daraus entsteht Traurigkeit.
   - **Es ist furchtbar,** dass so viele Menschen im Gehen auf ihr Handy schauen, weil sich das für mich nach sozialer Kälte anfühlt und niemand mitkriegen würde, wenn hier etwas Schlimmes passiert und jemand Hilfe bräuchte – das macht Angst.
   - **Es ist richtig / schön,** dass die Menschen leichtbekleidet in kleinen Grüppchen entspannt hier entlangschlendern und laut zusammen lachen, weil Ferienzeit ist – das erschafft Freude.
   - Dass alle Menschen hier gerade glücklich wirken, bedeutet, **dass ich falsch bin,** weil ich heute schlechter Stimmung bin und mich unzufrieden fühle – daraus erwächst Scham.

   Sei nun kreativ und entwickele deine eigenen Interpretationen in Verbindung mit dem dazugehörigen Gefühl.

3. SCHRITT: **Versuche, alle Gefühle richtiggehend in dir zu erleben,** und lass dir Zeit dafür. Denn sobald wir ein Gefühl nicht nur denken, sondern wirklich fühlen, verliert es seinen Schrecken und kann auch wieder gehen.

4. SCHRITT: **Reflektiere zum Abschluss für dich die folgende Frage:** Welche Interpretationen möchte ich in Zukunft verstärkt in mir etablieren, beziehungsweise welche möchte ich durch neue ersetzen, weil ich gemerkt habe, dass sie mir nicht guttun? Schreib dir die Antworten auf.

Eine weitere, wie wir finden, sehr stimmige Sichtweise bezeichnet Emotionen als »akkumulierte, angestaute und unerlöste Gefühle« (Vivian Dittmar in *Gefühle und Emotionen*). Es geht also um Gefühle, die in der Vergangenheit nicht richtig beziehungsweise nur zum Teil gefühlt wurden oder aufgrund ihrer Intensität nicht (vollständig) verarbeitet werden konnten und sich deshalb energetisch in unserem System abgelagert haben. Gerade wenn bei dir viel emotionaler Schmerz vorliegt, deutet das auf eine große Menge angestauter Gefühle hin, die sich im Laufe der Zeit gebildet hat. Um sie aufzulösen, ist es zum Beispiel möglich, mit einer Methode wie dem »Emotionscode« zu arbeiten, die du selbst erlernen (siehe dazu Bradley Nelsons Buch *Der Emotionscode*) oder mit der du dich bei einem Emotion Code Practitioner behandeln lassen kannst, und so deine Vergangenheit immer mehr heilen darf.

Das bewusste Fühlen aller Gefühlsregungen, die sich in dir zeigen, kann ebenfalls ein heilsamer Prozess sein, um immer mehr mit dir selbst in Einklang zu kommen. Wenn es dir gelingt, auch ein vermeintlich schwieriges Gefühl wirklich zu fühlen und das Unangenehme ganz bewusst auszuhalten, dauert es meist nur 90 Sekunden, bis es von selbst wieder geht. Gleichzeitig spürst du vielleicht, wie du dich lebendiger und zufriedener fühlst, denn Gefühle sind reine Lebensenergie, die fließen will und nicht angehalten oder aufgestaut werden soll. Versuch also, getreu dem Motto vorzugehen, alles ganz zu fühlen, dem Raum zu geben, es vollständig anzunehmen und dann weiterfließen zu lassen.

Lass alle Gefühle liebevoll zu, so wie die Ähren sich dem Wind hingeben.

WIE DEIN INNERES KIND SICH IN DIR ZU HAUSE FÜHLEN KANN

Wir alle tragen die zwei Persönlichkeitsanteile des inneren Kindes, mit Sonnen- und Schattenseite (siehe auch Seite 86), und des inneren Erwachsenen in uns, die nicht nur in guter Verbindung sein sollten, sondern im besten Fall – genauso wie unsere männliche und weibliche Energie – auch miteinander ausgesöhnt. Dann nehmen wir unser inneres Kind und seine Bedürfnisse ernst, beschützen und trösten es mit unserem inneren Erwachsenen, wenn es das braucht, und schätzen es wert, so wie es ist. Das ist eine wesentliche Voraussetzung für unser inneres Heil-und-ganz-Werden.

Da das innere (Sonnen)Kind eher unsere intuitive und weiche Seite darstellt, gefühlvoll, weise und der tiefen, emotionalen und spirituellen Verbindung mit uns selbst und der Welt fähig ist, könnten wir diesen Anteil auch eher der weiblichen Energie zuordnen.
Der innere Erwachsene hingegen setzt auf lineares und logisches Denken, betont die dazugehörige linke Hirnhälfte, und es geht ihm mehr ums Haben als ums Sein, was tendenziell stärker mit der männlichen Energie in Verbindung steht.

»Die Heilung der Welt würde mit der Heilung unseres inneren Kindes beginnen, das, wenn überhaupt, nur selten zum Spielen herauskommt.«

Vince Gowmon, Heiler und spiritueller Lehrer

Um nun beide Anteile miteinander zu versöhnen, bedarf es eines inneren Prozesses voller Verständnis und Mitgefühl für all die Momente deines bisherigen Lebens, in denen du dich verlassen, nicht gesehen oder aus verschiedenen Gründen verletzt gefühlt hast. Die Erwachsenen in deinem Umfeld haben es damals nicht besser gewusst oder gekonnt, du darfst ihnen also heute verzeihen. Denn aus diesen Erfahrungen heraus haben sich dein innerer Erwachsener und dein inneres Kind geformt und agieren noch heute nach den gleichen Mustern, sobald der kindliche Anteil in dir sich verletzt oder missachtet fühlt.

Vergebungsritual

Um das Verzeihen in dir umfassend zu ermöglichen, kannst du dieses Ritual durchführen (inspiriert vom hawaiianischen „Ho'oponopono", siehe dazu das Buch von Ulrich Emil Duprée):

Suche dir einen ruhigen Platz zum Liegen oder Sitzen, finde eine bequeme Position und schließ die Augen. Leg beide Hände auf dein Herz, um die Verbindung zu deinem Inneren zu intensivieren. Nimm Kontakt auf zu deinem inneren Kind und bereite es darauf vor, dass ihr jetzt gemeinsam den Erwachsenen verzeihen wollt, die euch damals verletzt haben.

Stell dir vor deinem geistigen Auge deine Eltern vor oder andere wichtige Bezugspersonen, die dich geprägt haben. Sag innerlich oder laut den Satz: „Es tut mir leid, was damals geschehen ist, dass sie mit mir geschimpft haben, ich so und so reagiert und damit vielleicht auch Leid hervorgerufen habe, dass wir gestritten haben oder Ähnliches." Versuche, die Worte so stark wie möglich innerlich zu fühlen.

Sag dann: „Ich vergebe euch." All das, was damals geschehen ist, all den Schmerz, die Trauer, die Wut und Angst, die ihre Handlungen in dir ausgelöst haben, und lass es damit los. Lass dir Zeit, um es wirklich zu fühlen. Dann: „Ich vergebe mir, dass ich mich nicht besser schützen konnte, dass ich diesen Ballast bis heute getragen und mich dadurch in meinem eigenen Potenzial beschränkt habe." Und zuletzt: „Bitte verzeiht mir – dafür, dass ich euch gegenüber bis jetzt Groll gehegt habe, dass ich damals nicht auf eure Bedürfnisse eingehen konnte, weil ich noch zu klein war/es nicht verstanden habe oder Ähnliches."

Als Nächstes sagst du: „Ich liebe euch und ich liebe mich – genau so, wie wir sind, mit allen Schwächen und Fehlern. Ich liebe alles, genau so, wie es war und ist, denn ich habe das Vertrauen, dass es mich in meiner Entwicklung weiterbringt und wieder mit dem Fluss des Lebens verbindet."

Und zum Abschluss folgt: „Danke – dafür, dass Heilung für mein inneres Kind und meinen inneren Erwachsenen, aber auch für euch bereits unterwegs ist. Danke für die Erfahrung, sie entspricht dem, was ich nach dem Ursache-Wirkung-Prinzip ‚verdient' habe, und Danke für das Wunder der Transformation."
Fühl diese Dankbarkeit tief in deinem Herzen, denn sie bringt dich vom Gefühl des Mangels, als Kind nicht genügend Liebe erhalten zu haben, in die Fülle des gegenwärtigen Moments.

Nimm nun noch ein paar tiefe Atemzüge bis in den Bauch, durch die Nase ein und durch den Mund wieder aus, und beende damit das Ritual.

Durch Vergebung nimmst du negativen Erfahrungen ihre „emotionale Ladung" und wirst innerlich wirklich frei.

WIE DU DEINE SCHATTENANTEILE INTEGRIEREN KANNST

Das Konzept des »Schattens« stammt, wie die Archetypenlehre (siehe Seite 46), von Carl Gustav Jung, der die Schattenarbeit als »Bewusstwerdungsarbeit am persönlichen Unbewussten« bezeichnet hat (siehe sein Buch *Aion. Beiträge zur Symbolik des Selbst*). Die Psychotherapeutin und Bestsellerautorin Stefanie Stahl hat rund 70 Jahre später dann die Begriffe »Sonnenkind« und »Schattenkind« geprägt, um die verschiedenen Anteile unseres inneren Kindes bildhaft und leicht verständlich darzustellen.

Beim Sonnenkind geht es um all das, was unsere ureigenen Wurzeln ausmacht, um unsere Fähigkeiten und Begabungen sowie schöne und bestärkende Erfahrungen aus der Kindheit.

Das Schattenkind fasst all das zusammen, was uns in negativer Weise geprägt hat, unsere schmerzhaften oder sogar traumatischen Erfahrungen und die daraus entstandenen Glaubenssätze sowie unerfüllte Bedürfnisse und Sehnsüchte. Und es trägt die Anteile unseres Wesens in sich, mit denen wir als Kind nicht gut angekommen sind und die wir als Reaktion darauf mit der Zeit immer mehr ins Unbewusste verdrängt haben. Meist sind diese Persönlichkeitsanteile dann komplett abgespalten, sodass wir zunächst keinen Zugang mehr dazu haben, sie aber vermutlich ablehnen oder auch bewundern, wenn sie uns in anderen Menschen begegnen.

Zum Beispiel nervt dich deine chaotische Freundin total, und die Unordnung in ihrer Wohnung findest du ziemlich unerträglich, denn du selbst bist stets ordentlich und hast eine aufgeräumte Wohnung. Möglicherweise erlaubst du dir aber nicht oder nicht ausreichend, deine eigenen Chaosanteile anzunehmen und zu leben, weil du als Kind immer für dein unordentliches Zimmer gemaßregelt wurdest oder deine Mutter sogar oft für dich aufgeräumt und damit deine Autonomie untergraben hat.

Kreativwirkung, um Schattenanteile anzunehmen

Vielleicht magst du ja an einem kleinen Beispiel mal üben, das Chaos oder die Ordnung (je nachdem, was eher zu deinem Schattenanteil gehört) oder auch ganz andere Anteile, die dir einfallen, auszuhalten und damit ein Stück weit mehr zu integrieren. Such dir dafür eine kleine Ecke in deiner Wohnung, die du dementsprechend „umgestalten" kannst (siehe auch Seite 118).

Variante 1 (Ordnung): Wähle am besten einen Bereich in deinem Zimmer, in der Küche oder im Bad, wo aktuell ziemlich viel herumliegt, an dem du im Alltag achtlos vorübergehst, ohne es wirklich wahrzunehmen. Räume diesen Platz gründlich auf, sortiere alles aus, so gut es geht, und schaffe Ordnung, die du für mindestens eine Woche beibehältst. Geh mindestens einmal am Tag bewusst zu diesem Bereich in deiner Wohnung, nimm die Ordnung wahr und verbinde dich innerlich damit. Welche Gefühle steigen in dir auf? Wie geht es dir damit? Bekommst du vielleicht sogar Lust, noch an weiteren Stellen in deiner Wohnung aufzuräumen? Notiere alles in dein Journal und lass es auf dich wirken.

Variante 2 (Chaos): An diesem Platz lässt du für eine Woche, ganz ungewohnt, mal alles Mögliche liegen, räumst vielleicht sogar die Umverpackung eines neuen Buchs oder einer neuen Creme nicht sofort weg und legst noch ein paar Gegenstände dazu, die das Chaos „perfekt" machen. Dann verfährst du eine Woche lang wie bei Variante 1: Du übst dich täglich darin, das Chaos zu „ertragen", nimmst die dabei in dir aufsteigenden Gefühle wahr und schreibst alles auf, was dir dazu in den Sinn kommt.

Ordnung zu schaffen, wenn du sie schwer erträgst, kann dich mit diesem Schattenanteil aussöhnen.

Die Anteile deines Schattenkindes Schritt für Schritt anzunehmen, ist nicht nur ein wichtiger Akt der Selbstliebe, sondern auch zentral für deinen inneren Heilungsprozess. Denn nur wenn du lernst, deinen Schatten immer mehr zu integrieren, kann endlich die Energie freigesetzt werden, die dein System beständig für seine Verdrängung aufwendet. Und du wirst als Persönlichkeit immer authentischer und »ganzer« werden, was auch eine Voraussetzung für die Integration aller weiblichen und männlichen Anteile in dir ist.

NEGATIVE EMOTIONEN AUFDECKEN UND DAMIT ARBEITEN

Zunächst einmal sollten wir klären, ob es überhaupt »negative« Emotionen gibt beziehungsweise was wir darunter verstehen. Wenn wir uns an die Sichtweise erinnern, dass Emotionen letztlich aufgestaute und unerlöste Gefühle darstellen, kann das in gewisser Weise als negativ angesehen werden. Denn hier wurde etwas nicht gefühlt, was gesunderweise besser hätte gefühlt werden sollen, schließlich heißt es, »Gefühle sind zum Fühlen da«. Da jedes Gefühl eine Energie auf einer bestimmten Schwingungsfrequenz darstellt, ist also Energie blockiert worden, die eigentlich hätte fließen wollen.

Doch hatte das zum jeweiligen Zeitpunkt seinen Grund, zum Beispiel, weil du als Kind nicht in der Lage warst, in einer angstmachenden oder sehr traurigen Situation wirklich die Angst oder Trauer intensiv zu fühlen, weil sie dich überfordert oder aus der Bahn geworfen hätte. Du hattest also eine Art automatischer psychischer Schutzfunktion zur Verfügung, für die du aus heutiger Sicht auch dankbar sein darfst, und es geht nicht darum, das im Nachhinein als negativ zu bewerten.

Wenden wir uns nun den »reinen« Gefühlen zu, die viele von uns als negativ bezeichnen, weil sie sich möglicherweise innerlich unangenehm anfühlen: Wut, Trauer, Angst und Scham. Doch kein Gefühl ist in sich pauschal negativ, sondern erfüllt eine wichtige psychologische Funktion für unser Leben, wenn es in seiner puren Form zum Ausdruck kommt. Erst wenn sich der Schatten des jeweiligen Gefühls zeigt, kann es zerstörerisch und damit negativ wirken. Je mehr du jedoch die jeweils in diesen vermeintlich negativen Gefühlen liegende positive Kraft erkennst und in dir selbst erfährst, umso erfüllter und gesünder kannst du dein Leben und dein Frausein gestalten.

So zeigt Wut uns, dass wir etwas als falsch erachten und es deshalb anders haben wollen, als es ist. Dem liegt eine eindeutige Position zugrunde, für die wir bereit sind einzustehen. Die in der Wut liegende Kraft, die mit der Energie eines Vulkanausbruchs gleichgesetzt werden kann und dem Element Feuer zuzuordnen ist, schenkt uns Klarheit und Handlungswillen, um die Welt gemäß unseren Bedürfnissen zu gestalten. Außerdem verhilft die Wut uns dazu, klare Grenzen zu setzen und eindeutig »Ja« oder »Nein« zu etwas zu sagen.

Die Trauer steht mit dem Element des Wassers in Verbindung, und so hilft sie uns auch, uns dem Fluss des Lebens hinzugeben und alles loszulassen, was wir bedauern. Wenn wir wahrhaftig weinen und die Tränen als unser reinigendes »Seelenwasser« fließen lassen, kann unsere Seele sich von allem befreien, was noch dem Annehmen des Gefühls im Wege steht, wie Vorstellungen, Glaubenssätze, Prägungen oder übernommene Konzepte, und so wieder Frieden finden. Die Trauer brauchen wir besonders, um unsere Hilflosigkeit zu realisieren und zu akzeptieren; vor allem, wenn es um Abschiede geht, die wir nicht ändern können, wie beim Tod eines geliebten Menschen oder einer unvermeidbaren Trennung. Der Trauerkraft wohnt auch eine tiefe Weisheit inne, die unser Herz weit macht und es für die Liebe öffnet.

Die Angst ist für viele von uns wahrscheinlich das gefürchtetste Gefühl, das sich so unglaublich unangenehm anfühlen kann und deren Kraft nach Vivian Dittmar auf der Interpretation »Das ist furchtbar« basiert. Wir können etwas nicht annehmen und sehen auch keine Möglichkeit, es zu verändern. So baut sich die Angst vor uns auf wie eine Felswand, durch die es nicht weitergeht. Sie repräsentiert das Element der Erde – wenn wir richtig Angst haben, zittert unser Körper wie bei einem Erdbeben. Ihre Kraft hat etwas Dunkles, Mysteriöses, wodurch kein Stein auf dem anderen bleibt. Wir müssen uns durch sie dem Neuen stellen und unsere Form verändern, was uns mit unserer ureigenen, weiblichen Kreativität verbindet. Sie verhilft uns zum Überschreiten der Schwelle, die sich oftmals aufbaut zwischen dem, was ist, und dem großen Unbekannten, das noch in der Zukunft liegt und uns Angst macht.

Die Scham ist als letztes unangenehmes Gefühl, das wir am liebsten meiden wollen, zu nennen. Sie wird durch den Gedanken »Ich bin falsch« erzeugt und dem fünften Element Äther zugeordnet. Es bezieht sich als einziges nicht auf die Außenwelt, sondern auf das eigene Ich. Wir lernen uns selbst dadurch besser kennen, mit all unseren Stärken und Schwächen, und können uns in einem Moment der Innenschau reflektieren, um uns weiterzuentwickeln. Doch nicht selten entsteht bei uns Frauen eher zu viel dieses sozialen Gefühls, das uns meist den Fehler bei uns selbst suchen und uns schuldig fühlen lässt, aufgrund diverser abstruser Interpretationen. So treten wir nicht wirklich mit anderen Menschen und Situationen in Beziehung, was auch mal ein Aushalten von Angst oder Trauer mit sich bringen könnte. Dies suchen wir unbewusst zu vermeiden, indem wir uns direkt schämen, weil wir zum Beispiel einer Freundin einen Ausflug vorgeschlagen haben, bei dem etwas schiefläuft, statt mit ihrer Wut darüber umgehen zu lernen.

So ist es bei jedem Gefühl eine Frage der Balance, ob es als negativ oder positiv anzusehen ist. Selbst Freude, zunächst als durchweg positives Gefühl

Zeit für Reflexion
und Meditation ist
unendlich wertvoll,
um zu wachsen
und zu heilen.

bewertet, kann negativ werden durch eine bestimmte Absicht dahinter (die anderen Menschen oder dem Planeten schaden könnte) und durch ein »zu viel« von ihr. Denn dann mündet sie in Selbstbetrug und Illusionen wie bei der berühmten »rosaroten Brille«, hinter deren Deckmantel womöglich gar nicht alles so rosafarben ist. Ein Zuviel oder Zuwenig an Gefühlen stört also unsere gesunden seelischen Prozesse und die Entwicklung unseres wahren Potenzials.

Hier werden die meisten von uns feststellen, dass sie von ihren Eltern keinen guten und gesunden Umgang mit Gefühlen gelernt haben. Ganz im Gegenteil: Oft hat die Erziehung es noch befördert, die verschiedensten Strategien zur Vermeidung dieser Gefühle zu entwickeln, weil wir scheinbar von unseren wichtigsten Bindungspersonen mehr »geliebt« wurden, wenn wir brav statt wütend, fröhlich statt traurig oder mutig statt ängstlich waren. Oder wir haben am Vorbild unserer Eltern gelernt, dass wir nur in wütender, aggressiver oder kritischer Art und Weise im Leben weiterkommen. Je öfter sich derartige Erfahrungen wiederholt haben, umso stärker wurden sie verinnerlicht, sodass sich mit großer Wahrscheinlichkeit genau an der Stelle ein unbewusstes Muster gebildet hat.
Das hat die Funktion, uns das Leben zu erleichtern, weil bestimmte psychische Reaktionen automatisch ablaufen können und wir dafür keine weitere Gehirnkapazität benötigen. Vereinfacht gesagt: Wenn du dir die Zuneigung von jemandem sichern willst/musst (zum Beispiel vom Chef), dann bist du automatisch brav und fröhlich, weil dein System gelernt hat, dass das die sicherste Erfolgsstrategie ist.

Um ein erfülltes Leben im Sinne unseres ureigenen Potenzials zu leben, ist dies jedoch oft die denkbar ungünstigste und unproduktivste »Strategie«, wir brauchen also eine Alternative. Eine, die uns darin unterstützt, die unproduktiven oder sogar krank machenden Muster aufzulösen beziehungsweise durch gesündere zu ersetzen. Und da kommt die Kraft und Weisheit unseres Herzens ins Spiel, das auch die Basis für die bereits erwähnte Methode der Bindungsenergetik darstellt. Es wird auf seelischer Ebene als Sitz unserer Gefühle angesehen und trägt im spirituellen Sinne den individuellen göttlichen Funken, unser höheres Selbst, in sich (siehe Seite 93).

Meditation zum Auflösen von Mustern

Leg beide Hände auf dein Herz, schließ die Augen und versuche durch die Hände tief ein und auszuatmen. So kannst du dich stärker mit deinem Herzen und der ihm innewohnenden Weisheit verbinden (siehe Seite 94).

Frag dein Herz um Rat, wie du bestimmte etablierte Muster in dir finden und dann auch aus ihnen aussteigen kannst, und versuche dich innerlich für alles zu öffnen, was da auftauchen mag. Dann wirst du von dort Antworten bekommen. In dir werden intuitiv Bilder, Sätze, Gedanken oder Gefühle aufsteigen, die dich mit deiner weiblichen Energie verbinden und dir dabei helfen, gesunde Alternativen zu etablieren. Lass dir Zeit, lass es fließen und atme immer wieder in dein Herz hinein.

Wenn du so weit bist, beende die Meditation, indem du dich bei deinem Herzen für seine Weisheit bedankst und dich langsam wieder von ihm verabschiedest. Nimm noch ein paar tiefe Atemzüge und öffne dann wieder die Augen.

Schreib nun alles auf, was du erlebt hast. Welche Muster sind dir bewusst geworden? Welche Sätze oder Bilder kamen dir als Lösung, um aus ihnen auszusteigen? Hast du deine weibliche Energie, deine Intuitionskraft im Unterleib gespürt? Welche Gefühle und Gedanken hat sie dir geschickt, welche Alternativen zu deinen bisherigen Mustern konntest du erfahren?

- ....
- ....
- ....

DAS GEHEIMNIS DER HERZKOHÄRENZ UND WIE SIE DIR HILFT

Der israelisch-amerikanische Soziologe Aaron Antonovsky wollte der sogenannten »Pathogenese« (Krankheitsentstehung) etwas entgegensetzen und forschte zu den Faktoren, die uns gesund erhalten. So entwickelte er in den 1970er-Jahren sein Konzept der »Salutogenese« (Gesunderhaltung), das auf dem Kohärenzgefühl als wichtigster Gesundheitsquelle aufbaut. Grundlage für dieses Gefühl der »inneren Stimmigkeit« sind hier Verstehbarkeit, Handhabbarkeit und Sinnhaftigkeit der eigenen Lebensumstände. Wenn ich Verständnis entwickeln kann für das, was um mich herum geschieht, gleichzeitig das Gefühl habe, es handhaben zu können, und auch einen Sinn in meinem täglichen Tun sehe, dann erlebe ich innerlich Kohärenz.

Dabei geht es nicht nur um ein Gefühl der Stimmigkeit und des Wohlbefindens, sondern die Forschungen des HeartMath-Institutes in Kalifornien konnten nachweisen, dass auch auf körperlicher Ebene Herz-Kreislauf-, Hormon-, Immun- und vegetatives Nervensystem nur dann wirklich harmonisch ineinandergreifen und effektiv arbeiten, wenn Kohärenz vorliegt. Dann synchronisiert das Herz das Gehirn, es schlägt in einem gleichmäßigen und harmonischen Rhythmus (Herzfrequenz oder Herzrate), und der Abstand zwischen den einzelnen Herzschlägen (Herzratenvariabilität, HRV) weist ein regelmäßiges Muster bei gleichzeitig hoher Variabilität auf, was mit besserer Gesundheit assoziiert ist. Da das elektromagnetische Feld des Herzens 5000-mal stärker ist als das des Gehirns, wirkt es als stärkster Taktgeber im Organismus, und das hat unmittelbare Auswirkungen auf all unsere Körperzellen und die Umgebung außerhalb unseres Körpers. Wir können auf einer feinen Ebene auch direkt wahrnehmen, ob die Menschen in unserem Umfeld in einem kohärenten oder eher in einem gestressten, inkohärenten Zustand sind.

Wie wir inzwischen wissen, sind unser Wohlgefühl und die Gesundheit bis auf Zellebene nicht primär von den Genen abhängig, sondern vom »Milieu«

des Blutes, das die Zellen umgibt. Also wird klar, dass wir dies über kohärente Gedanken und Gefühle selbst beeinflussen können, die wir zum Beispiel mithilfe der am HeartMath-Institut entwickelten Herzintelligenz-Methode gezielt hervorzurufen vermögen. Du bist kein Opfer der Gene, sondern Schöpferin deines Lebens, was bis auf die körperliche Ebene reicht – und was natürlich in beide Richtungen wirkt, weshalb »negative«, also Stress auslösende Gedanken auch krank machen können. Was in unserem System zu einem Stressfaktor wird, hängt wiederum vor allem mit der persönlichen, in der Kindheit geprägten Bewertung einer Situation zusammen (siehe auch Seite 78).

Die Bedeutung des Vagusnervs

Dieser Nerv ist der wichtigste Teil des Parasympathikus und bildet zusammen mit dem Sympathikus und dem enterischen Nervensystem das vegetative Nervensystem, das unsere wichtigsten Lebensfunktionen wie Puls, Atmung und Stoffwechsel steuert. Gemäß der Polyvagal-Theorie des amerikanischen Psychiaters Stephen W. Porges wird der Vagusnerv in zwei Äste eingeteilt, wobei der vordere (ventrale) für entspannte Verbindung mit der Welt steht, während der hintere (dorsale) Ast mit sozialem Rückzug und „Erstarrung“ zusammenhängt – eine Reaktion, die besonders in traumatisch erlebten Situationen einsetzt. Ein aktivierter Vagusnerv ist also nicht automatisch als positiv anzusehen, sondern es kommt darauf an, welcher Ast dominiert.
Eine einfache Möglichkeit, um den vorderen Vagusnerv zu aktivieren, ist die tiefe Bauchatmung, bei der du eine Hand auf den Solarplexus oder auf die Gebärmutter legen kannst – je nachdem, welcher Bereich sich gerade energetisch „bedürftiger“ anfühlt. Dann atmest du tief bis zu deiner Hand hin ein und wieder aus und verlängerst dabei jedes Mal ein bisschen die Ausatmung, was dein vegetatives Nervensystem noch zusätzlich beruhigt.

WIE WIR KOHÄRENZ ERZEUGEN KÖNNEN

Richten wir unseren Fokus also auf die Erzeugung von Kohärenz und machen uns dafür die Kraft und Weisheit unseres Herzens zunutze, das als Zentrum unseres Lebens gilt. Sobald wir ein stärkendes Gefühl, wie zum Beispiel Dankbarkeit, Wertschätzung, Freude oder Liebe, wirklich im Herzen spüren und eine Weile dabeibleiben, beginnen sich die positiven Auswirkungen zu zeigen. Dann können die Äste des vegetativen Nervensystems harmonisch miteinander arbeiten und dafür sorgen, dass die jeweils benötigte Energie im Körper bereitgestellt wird: der auf Kampf und Flucht ausgerichtete Sympathikus und der für Ruhe, Entspannung und Erholung sorgende Parasympathikus.

Als Vorbereitung für die Meditation zur Herzkohärenz kannst du zunächst anfangen, dir eine sogenannte »Innere Apotheke« von wohltuenden Gefühlen anzulegen. Anhand von schönen Erinnerungen an Ereignisse, Situationen, Menschen, Tiere, Fähigkeiten oder Gegenstände, für die du dankbar bist, die dich erfreut haben, die du wertschätzt oder liebst, die dich Freiheit haben spüren lassen oder Ähnliches, kannst du die Gefühle innerlich verankern.

Schreib dir am besten alles auf und erstell so deine ganz persönliche »Herzgefühl-Liste«. In stressigen oder schwierigen Situationen kannst du dir dann genau die Erinnerung mit dem zugehörigen Gefühl heraussuchen, die gerade das wirksamste Gegenmittel darstellt:

- Wenn du unzufrieden bist, erinnere dich an eine Situation, die dich große Dankbarkeit hat spüren lassen.
- Wenn du dich von äußeren Umständen eingeengt und eingeschränkt fühlst, denk an deinen stärksten Freiheitsmoment und so weiter.

Die zahlreichen biochemischen, neuronalen und elektromagnetischen Impulse, die du dadurch auslöst, wirken positiv auf deinen Organismus, stärken deine Selbstheilungskraft und verändern damit dein Leben.

Herzmeditation für innere Kohärenz

Richte deine Aufmerksamkeit auf deine Herzregion, leg eine Hand dorthin und atme langsam und gleichmäßig durch deine Hand ein und aus. Stell dir dabei vor, dass der Atem sanft durch dein Herz ein- und wieder ausströmt.

Erinnere dich nun an eine Situation aus deiner „Inneren Apotheke", in der du dich richtig wohl gefühlt hast, und versuche, das damalige Gefühl jetzt erneut zu erleben. Atme dabei weiter durch dein Herz ein und aus und bleib mit deiner ganzen Aufmerksamkeit dort, während sich zum Beispiel das Gefühl von Freude verstärkt und in dir ausbreitet und du die Kohärenz in deinem System gut wahrnehmen kannst.

Mit ein bisschen Übung lässt sich diese kurze Meditation in etwa einer Minute durchführen, also auch mal eben auf der Toilette, wenn du eine kleine Pause von chaotischen, stressigen Umständen brauchst. Übe ruhig 3- bis 5-mal täglich, um daraus eine wohltuende Gewohnheit werden zu lassen – nur so kann sich die Verbindung zwischen Kopf und Herz gut und dauerhaft etablieren.

(In Anlehnung an „Quick Coherence" von HeartMath)

Leg beide Hände aufs Herz, so kommst du besonders gut mit ihm in Kontakt.

MEDITATION UND ACHTSAMKEIT

Sich seiner selbst bewusst zu sein und achtsam mit seinem Körper, seinen Gedanken und Gefühlen umzugehen, wünschen sich viele Menschen. Häufig geht dies im Alltag aufgrund der zahlreichen äußeren Einflüsse, die wir alle verarbeiten müssen, verloren. Allein schon das Arbeitspensum, welches viele schaffen müssen und häufig auch gerne möchten, zudem die Informationsflut der Social-Media-Kanäle und der häufig selbst verursachte »Freizeitstress«! Wenn du lernst, kleine kurze Pausen mit einer Achtsamkeitsübung oder einem Ritual einzubauen, wird es dir mehr und mehr gelingen, innerlich in deiner Mitte zu sein und zur Ruhe zu kommen, du bist präsenter in jedem Augenblick.

»In dir selbst ist eine Ruhe und ein Heiligtum, in welches du dich jederzeit zurückziehen und ganz du selbst sein kannst.«

Hermann Hesse

WAS IST ACHTSAMKEIT?

Einfach ausgedrückt: in jedem Augenblick präsent sein, ohne ihn zu bewerten. Stell dir vor, du liegst an einem schönen Sommertag am Pool und nimmst bewusst alle Menschen und das Geschehen um dich herum wahr. Diesmal lässt du dich jedoch nicht emotional oder gedanklich auf das Tun der anderen ein, sondern begibst dich wie der Zuschauer eines Films in die hinteren Reihen, beobachtest, was sich abspielt, und atmest entspannt ein und aus.

Ein Kind schwimmt an dir vorbei, es macht laute Bewegungen und quatscht ununterbrochen mit seiner Mutter, die etwas entfernt sitzt. Normalerweise regst du dich innerlich auf, die Emotionen kochen, denn eigentlich möchtest du in Ruhe deine Auszeit genießen; doch diesmal bist du ganz entspannt. Probiere diese Übung mal aus und beobachte die Welt um dich herum, so als ob du einen Wasserfall von hinten betrachtest. Die Gedanken und Emotionen fließen an dir vorbei, dein Geist ist klar und wach, du bist vollkommen präsent in diesem Augenblick. Der englische Begriff »Mindfullness« beschreibt Achtsamkeit besonders gut.

Lass deine Gedanken fließen, ohne sie zu beurteilen.

WAS IST MEDITATION?

Der Begriff »Meditation« (von lat. *meditatio*) bedeutet »nachsinnen«, »nachdenken«, »die innere Mitte finden«. In der Meditation, die häufig in der Stille stattfindet, versenkst du dich tief in deine innere Wahrnehmung und beobachtest deine Gedanken, Gefühle, den Körper, du wirst dir deiner selbst bewusst. Die Gedanken kommen dabei immer mehr in die Ruhe und in den Augenblick. Oft erscheinen dann auch Gedanken hinter den Gedanken, oder Gefühle und Emotionen können erst in dieser Stille wirklich wahrgenommen werden. Du kannst im Übrigen nicht nichts denken, das ist ein völlig normaler Zustand deines Geistes.

Es gibt viele unterschiedliche Meditationsformen. Manche sind angeleitet und führen dich zu deinem Körper oder einer Art Trancereise, in der dein Bewusstseinszustand erweitert ist und du leichter Zugang zur feinstofflichen Welt hast. Im Zen-Buddhismus wiederum, einer Religion, die sich in China ab dem 5. Jahrhundert verbreitete und dann im 12. Jahrhundert nach Japan kam, sitzt du im Lotussitz in einer speziellen Beinhaltung auf der Erde und verweilst in absoluter Stille und Regungslosigkeit. Das Ziel ist es, den Augenblick wahrzunehmen.

WIE MEDITIERST DU?

Aus unserer Sicht findet Meditation im Sitzen statt, auf einem Stuhl oder im Schneider- oder Lotussitz auf der Erde. Dein Kopf schwebt sanft auf deiner Wirbelsäule, er ist mit dem Himmel verbunden und dein unterer Körper über deinen Damm und deine Beine mit der Erde. Die Schultern sind vollkommen entspannt und locker. Deine Augen sind leicht geöffnet, sodass ein kleiner Lichtschein eindringen kann. In dieser Haltung schläfst du nicht ein, und dein Geist ist wach. Deine Gehirnwellen sind in einer entspannteren Frequenz, wie kurz vor dem Einschlafen und im sogenannten Alphazustand.

Wenn du das Liegen bevorzugst und dabei einschläfst, dann ist das eher eine Wellness-Reise. Aus unserer Sicht hat dies nichts mit Meditation zu tun, denn du solltest dir dabei deiner Gedanken und Gefühle, deiner Emotionen und deines Körpers bewusst sein.

Eine Gehmeditation, bei der deine Achtsamkeit auf den Fußsohlen liegt, ist eine weitere Möglichkeit, deinen Geist zur Ruhe zu bringen. Beobachte während der Stille in der Meditation deine Ein- und Ausatmung. Sie spielt eine entscheidende Rolle, um in einen tieferen Bewusstseinszustand zu kommen.

Alphazustand

Unser Gehirn strahlt verschiedene Wellen aus. In den sogenannten „Alphazustand" kommen wir kurz vor dem Einschlafen oder wenn wir innerlich zur Ruhe kommen. Unser Bewusstsein ist weit geöffnet, wir können andere Ebenen der Energie wahrnehmen, und oftmals haben wir „Geistesblitze". Neue Ideen entstehen, und wir können besser lernen. Kinder sind, wenn sie eine harmonische Kindheit haben, bis zum 7. Lebensjahr im Alphazustand.

Achtsamkeitsmeditation

Praktiziere diese Meditation in der Stille, ohne Musik; suche dir einen ruhigen, geschützten Ort, am besten in deinem Zuhause.

1. SCHRITT: **Ankommen im Hier und Jetzt**
Richte deine Aufmerksamkeit auf deine Atmung. Atme einige Minuten lang entspannt ein und aus, lass die Luft durch deine Nasenlöcher ein- und ausströmen. Beobachte nun gedanklich in achtsamem Gewahrsein deinen Körper. Beginne am Kopf, gehe von dort weiter über den Oberkörper, den Unterkörper, die Beine bis zu deinen Füßen. Mache auch dies über mehrere Minuten. „Settle down the Mind" – bringe dabei deinen Geist immer wieder zum Körper. Diese Übung nennt man Körperscan (Bodyscan).

2. SCHRITT: **Von der äußeren zur inneren Welt**
Lenke nun bewusst deine Aufmerksamkeit von der äußeren in deine innere Welt. Nimm deine Augen bewusst wahr, schließe dein äußeres Auge und schaue nach innen. Dabei ist immer noch ein leichter Lichtschein wahrnehmbar. Scanne dann deinen Körper wieder vom Kopf bis zu den Füßen. Gehe langsam vor, in Achtsamkeit, und lenke deine Aufmerksamkeit immer wieder auf den gesamten Körper. Spüre nun nach, ob du Emotionen wahrnehmen kannst.

3. SCHRITT: **Werde dir deiner Empfindungen bewusst**
Verbinde dich über deine Gedanken mit deinem Herzen. Stell dir dabei innerlich einen Energieball vor, der eine stehende Acht vom Kopf zum Herzen beschreibt. Du scannst nun wieder deinen Körper von der Haut zu den Muskeln, bis hin zu den Knochen (wenn du diese mit deinem

inneren Auge wahrnehmen kannst, ansonsten bleibst du bei den Muskeln). Wenn du Schmerzen oder Verspannungen hast, so kannst du nun gedanklich zu diesem Ort gehen.

4. SCHRITT: **Werde dir deiner Emotionen bewusst**
Frage deinen Körper innerlich, welche Emotionen dort verborgen liegen, die dir noch nicht bewusst sind. Dein Körperbewusstsein antwortet dir innerlich mit Worten, die du hören kannst, oder ein tiefes inneres Wissen sagt dir, was in dir verborgen liegt und nun gehen darf. Sei dabei nur die Beobachterin. Lass jetzt diese Emotionen mit dem Ausatmen durch dein Herz nach außen treten. Atme alles aus, was du gehen lassen möchtest, so lange, bis es sich für dich leicht anfühlt. Lenke dann deine Gedanken zurück auf den Körper als Ganzes, nimm ihn wieder bewusst wahr. Atme noch mal tief ein und aus. Spüre deine Unterlage, auf der du sitzt, rekle und strecke dich. Öffne deine Augen erst, wenn du ganz im Hier und Jetzt angekommen bist.

Sei achtsam mit deinem Körper und entspann dich.

Mit Lust und Freude
dein Essen zu genießen,
kann so heilsam und
nährend sein.

Gestalte deine äußere Welt

Wie wir mit äußeren Faktoren wie Ernährung, Bewegung, Massagen oder auch der Gestaltung unserer Wohnung umgehen, können wir maßgeblich mitentscheiden. „Der Körper ist der Tempel unserer Seele“, „Die äußere Welt ist der Spiegel unserer inneren Welt“. Sicherlich hast auch du diese Worte schon mal gelesen. Ein achtsamer Umgang mit unserem Körper und mit unserer Ernährung stellt für viele Menschen heute eine große Herausforderung dar. Wie können wir mit einfachen Mitteln die Welt um uns herum und somit in uns erfüllter gestalten?

DEIN KÖRPER ALS TEMPEL DER SEELE

Wie fühlst du dich in deinem Körper? Ist er dein Tempel? Gibst du ihm Liebe und Geborgenheit, bewegst du dich in freier Natur, um deine Zellen mit wertvollem Sauerstoff zu füllen? Sind vitamin- und mineralstoffreiche Lebensmittel ein Must-have in deinem Speiseplan? Sicher gibt es auch in deinem Alltag Phasen, wo nicht alles nach Plan läuft und dir die nötige Zeit fehlt, achtsam und liebevoll mit dir zu sein. Doch dein Körper ist der wichtigste Teil in diesem Leben. Umsorge ihn, um deine weibliche Energie zu stärken, damit dein Geist und deine Seele glücklich sind, darin zu wohnen.

ERNÄHRUNG – WORAUF KANNST DU ACHTEN?

Wichtig ist: Es gibt keine allgemeingültige Ernährung. Du musst dich wohlfühlen, und es muss praktikabel für deinen Alltag sein. Neben genügend Obst und Gemüse sowie Ballaststoffen empfehlen wir unseren Patientinnen, auf Gluten- und Kuhmilchprodukte weitgehend zu verzichten. Sie stören häufig das Hormonsystem und belasten den Darm. Außerdem sind wir große Fans von warmem Frühstück wie Haferporridge, angerührt am besten mit Hafermilch oder Wasser, das gibt dir schon morgens Energie.

Jede Ernährungsumstellung braucht Zeit und Ruhe. Schaue dich nach Lieblingsnahrungsmitteln um und integriere sie in deinen Speiseplan. Vermeide unnötige Xenobiotika, das sind Stoffe, die synthetisch hergestellt sind und den Stoffwechsel sowie dein Hormonsystem durcheinanderbringen können. Dazu gehören Pestizide, Farbstoffe, chlorierte Lebensmittel oder auch Plastikweichmacher wie Bisphenol A. Auch Parabene in der Kosmetik gehören in diese Kategorie. Achte auf diese Stoffe, um deinen Hormonhaushalt nachhaltig zu entlasten. Bevorzuge beim Einkauf Bioprodukte sowie Fleisch und Fisch aus artgerechter Tierhaltung. Gute Fette sind wichtig, achte darauf, dass du Omega-3-Fettsäuren aus Fisch oder Algen einbaust, Leinöl, Chia- und Hanfsamen sind ebenfalls hochwertige Lieferanten. Zum Kochen verwenden wir Kokosöl, das sich hoch erhitzen lässt. Genieße deine Nahrung, iss in Ruhe und Achtsamkeit, kaue gut und spüre nach, welche Lebensmittel deinem Körper guttun. Jeder Mensch benötigt seine individuelle Ernährung.

Wasser– Quelle unseres Lebens
Der Körper eines Menschen besteht je nach Alter bis zu 80 Prozent aus Wasser. Unsere Nieren filtern täglich bis zu 180 Liter Flüssigkeit, umso wichtiger ist es, diese mit reinem, stillem Quellwasser zu versorgen. Eine Faustregel besagt: 30 bis 40 Milliliter Wasser pro Kilogramm Körpergewicht sollten wir zu uns nehmen. Bei 60 Kilo sind das ungefähr 1,8 Liter Wasser pro Tag. Trink am besten mit einem guten Filter gereinigtes Wasser aus der Leitung, denn jedes Wasser in der Flasche hat einen ganz eigenen Weg hinter sich, den wir nicht kennen. Energetisiere es dann zusätzlich noch mit guten, nicht bearbeiteten Edelsteinen.

BEWEGUNG FÜR DEIN WOHLBEFINDEN

Um dich fit zu halten, ist moderate Bewegung das Optimum. Finde dein Mittelmaß, spüre nach, was dir guttut. Bewegung ist enorm wichtig, und gerade wenn du hochsensibel bist, ein Muss. Hinzu kommen noch Yoga- oder Dehnübungen, um deine Faszien, die Bindegewebsstrukturen in deinem Körper, die alle Organe und Muskeln wie ein Geflecht umhüllen, zu dehnen.
Morgens kannst du mit besonders weiblicher Energie in den Tag starten, wenn du ein paar heilsame Körperübungen in deine Morgenroutine mit aufnimmst. Natürlich lassen sich diese Übungen auch zu anderen, für dich passenden Zeiten in deinen Tag integrieren – probiere doch mal aus, wann sie dir am besten tun oder wann dein körperliches Bedürfnis nach dieser Bewegung am stärksten ist.

Haferporridge und Früchte geben dir Power am Morgen.

Yin-Yoga – für deinen weiblichen Körper

1. **Kindhaltung:** Beginne in der aus dem Yoga bekannten Haltung des Kindes, bei der du deinen Körper liebevoll Mutter Erde anvertraust. Streck die Arme ganz nach vorne in die Dehnung und schieb die Knie weit auseinander, damit dein Bauch bequem zwischen den Beinen Platz hat und sich ausdehnen kann. Atme tief bis zu deiner Gebärmutter hinein und richte deine Aufmerksamkeit beim Ausatmen aufs Loslassen von all dem, was dir nicht mehr dienlich ist. Verweile etwa 3 bis 5 Minuten in dieser Haltung und behalte die tiefen Atemzüge bei.

2. **Fersensitz:** Danach wechselst du für 1 bis 2 Minuten in den Fersensitz mit aufgestellten Zehen, um deine Plantarfaszie, die Sehnenplatte an der Fußsohle, zu dehnen, wo auch der Nieren-Meridian endet. Leg dabei deine Hände aufs Herz und schließ die Augen, um noch achtsamer in dich hineinspüren zu können: Wie geht es dir heute Morgen, was bewegt dich, wie fühlt sich dein Körper an? Alles, was du wahrnimmst, darf genau so sein; versuche es anzunehmen, so gut du kannst, und atme gleichmäßig durch die Nase ein und durch den Mund wieder aus.

3. **Melting Heart:** Als Nächstes nimmst du die Zehen wieder zurück, der Fußrücken liegt auf dem Boden. Du öffnest deine Knie ein wenig und lässt den Oberkörper nach vorne, in Richtung Boden fließen, so weit du kannst. Streck die Arme wieder so weit wie möglich nach vorne und lass dein Herz hinunter zu Mutter Erde „schmelzen", während die Hüften über den Knien bleiben. Diese Position nennt sich „Melting Heart" und bringt dich in die weibliche Energie der Hingabe. Versuche, sie für 1 bis 2 Minuten zu halten.

4. **Liegender Schmetterling:** Als Letztes begibst du dich noch in eine entgegengesetzte Herzöffnung mit gleichzeitiger Hüftöffnung: den

„liegenden Schmetterling". Wenn du ein Yogabolster hast, kannst du dir das oberhalb deines Gesäßes längsseitig unter den Rücken legen, ansonsten nimmst du dafür einfach eine zusammengerollte Decke. Dann legst du dich darauf ab, stellst deine Beine auf, legst die Fußsohlen aneinander und lässt die Knie sanft zu beiden Seiten Richtung Boden sinken. Die Arme kannst du rechts und links neben den Kopf legen. Genieße diese herzöffnende Position und die Öffnung deiner Hüften für etwa 3 Minuten. Sie unterstützt dich im Annehmen und Aufnehmen all der Impulse, die dich an diesem vor dir liegenden Tag erwarten.

Zum Abschluss: Am Ende der Übungen kannst du mit deinen Händen vorsichtig die Knie wieder zusammenschieben, das Bolster unter deinem Rücken entfernen und dich mit ausgestreckten Beinen und locker neben dem Körper ruhenden Armen ablegen, um noch eine Minute in vollkommene Entspannung abzutauchen.

Schenke deinem Körper täglich achtsame Bewegungen, z. B. Yoga oder Qigong.

Qigong – für deine innere Stärke

Die chinesischen Gesundheitsübungen stärken dein inneres Qi, damit du kraftvoll aus der Tiefe deines Seins in den Tag starten oder auch am Abend innerlich zur Ruhe kommen kannst. „Qi“ bedeutet so viel wie Lebensenergie und „Gong“, dass wir mit dieser arbeiten. Dabei werden die Meridiane, alle Organe und Gewebe wieder ausreichend mit Lebenskraft versorgt. Führe die Übungen langsam und achtsam aus, je langsamer, desto effektiver. Die innere Visualisierung von Bildern und Vorstellungen spielt eine entscheidende Rolle für die Qualität und Wirksamkeit dieser Übungen.

Je öfter du übst, desto angenehmer und entspannter fühlst du dich danach. Alles ist erlaubt, du kannst nichts falsch machen. Verkrampfe dich nicht, sondern gehe spielerisch mit dem Praktizieren der Figuren um. Du kannst sie zu jeder Tageszeit ausführen und solltest dabei ungestört sein, da du in den Alphazustand (siehe Seite 101) kommst und es sehr unangenehm sein kann, dabei plötzlich überrascht zu werden. Schließe während des Übens gern die Augen.

- **Das Qi wecken**

Stelle dich mit schulterbreit geöffneten Füßen auf die Erde. Die Knie sind leicht gebeugt, das Becken ist nach vorne geschoben, die Schultern sind ganz locker und die Arme leicht gebeugt. Die Hände zeigen zur Erde. Lass nun deine Hände ganz locker, die Fingerspitzen zeigen zum Boden. Atme ein und hebe ganz entspannt und langsam die Arme bis in Brusthöhe. Die Beine richten sich dabei auf. Halte kurz inne und senke die Arme wieder langsam mit dem Ausatmen in die Ausgangsstellung. Die Knie wieder leicht beugen. Stelle dir während der Übung vor, das Qi von Himmel und Erde zu wecken und in dir zu aktivieren. Wiederhole diese Übung 9-mal.

- **Öffnen und Erweitern des Brustkorbes**

Gehe nun aus der 1. Position in die nächste und öffne beim Einatmen deine Arme weit nach außen. Ziehe dabei die Hände auseinander, die Handflächen zeigen nach vorne. Öffne deinen Brustkorb weit und atme tief ein. Dann entspanne deine Arme und führe sie beim Ausatmen wieder zueinander, die Handflächen zeigen zur Erde. Senke die Arme ab zur Ausgangsposition. Stell dir während der Übung vor, an einem See zu stehen, und spüre die innere Weite. Wiederhole diese Übung 9-mal.

- **Stehen wie ein Baum**

Deine Füße stehen schulterbreit auseinander, die Knie und die Arme sind leicht gebeugt, die Handflächen zeigen zum Qi-Zentrum, eine Handbreit unter dem Bauchnabel. Dies ist ein wichtiger Ort bei allen Qigong-Übungen, man nennt ihn auch „Dantian". Hier wird das Qi zentriert und beruhigt. Von dort werden die Energieleitbahnen mit Energie versorgt. Nun gehe mit deinen Füßen weiter auseinander, mehr in die Knie und hebe deine Arme in Brusthöhe. Die Schultern sind dabei ganz locker. Atme gleichmäßig durch die Nase ein und aus. Stelle dir mit deinem inneren Auge vor, einen Baum zu umarmen und seine Energie in dich aufzunehmen.
In dieser Position kannst du von 1 Minute bis zu 30 Minuten stehen bleiben. Dabei ist es möglich, diese immer mal zu verändern: Du kannst die Arme nach unten nehmen, wenn sie schwer werden, mehr oder weniger tief in die Knie gehen. Spüre nach, welchen feinen Unterschied es macht, wenn du deine Haltung veränderst. Immer wenn du das Gefühl hast, unruhig und kraftlos zu sein, nutze diese Übung.

Beende deine Qigong-Übungen immer mit einer Abschlussübung und sammle das Qi im unteren Dantian. Stell dich dabei für einige Minuten in die Grundhaltung (siehe 1. Übung), und konzentriere dich auf den Punkt unter deinem Bauchnabel. Deine Handflächen zeigen dorthin. Atme dabei ruhig und gelassen durch die Nase ein und aus. Führe die Hände auf deinen Körper, die linke Handfläche ist unter der rechten Hand, schließe den linken Fuß zum rechten. Führe dann die Hände noch mal vor dein Herz und verneige dich, indem du den Oberkörper ein wenig nach vorne beugst. So ehrst du dich und bedankst dich bei der universellen Lebensenergie, die dir geschenkt wird.

Ehre also deinen Körper als Tempel deiner Seele und deines Geistes, indem du ihm regelmäßig die jeweils stimmige Bewegung schenkst, von sanft über ausdauernd bis hin zu athletisch-kraftvoll. Denn neben vollwertiger Ernährung mit gesundem Wasser, ausreichend Schlaf, guter zertifizierter Naturkosmetik, bequemer Kleidung aus Naturfasern und elektrosmogarmer Umgebung ist das der wichtigste äußere Faktor für deine Gesundheit und damit Grundlage für die Entfaltung deines Potenzials. So kannst du ganz deine weibliche Energie leben und dein einzigartiges Geschenk mit der Welt teilen, das sie so dringend benötigt, gerade in diesen Umbruchzeiten, in denen wir aktuell leben.

»Tu deinem Leib Gutes, damit deine Seele Lust hat, darin zu wohnen.«

Teresa von Ávila

SELBSTLIEBE MIT AROMA-MASSAGE

Eine wunderbare Form der Selbstliebe und Achtsamkeit ist eine Massage. Sicher ist es schöner, wenn eine andere Person sie dir geben kann, manchmal ist dies jedoch nicht möglich. Gönne dir deshalb eine persönliche Massagezeremonie nur für dich, einmal im Monat oder natürlich auch gerne öfters. Feiere bewusst dein Frausein in dieser Welt, deine Weiblichkeit, und entdecke deinen Körper mit all seinen Facetten.

Wenn du dir Zeit nimmst und ihn ganz achtsam berührst, merkst du vielleicht erst, wie es ihm wirklich geht und wo er sich nicht wohlfühlt oder eine Stelle verspannt ist und schmerzt. So selbstverständlich ist es für uns geworden, dass er tagein, tagaus funktioniert, und häufig merken wir zu spät, dass Ungleichgewichte vorhanden sind. Mit einer Massage kannst du deinen Körper aufmerksamer begleiten. Berühre dich dabei bewusst, liebevoll, achtsam und suche dir dafür einen geschützten Raum, wo du ungestört sein kannst.

Einreibung und Massage

Eine Einreibung, bei der du den Körper mit kurzen Bewegungen zur Pflege berührst, kannst du mit rhythmischen Bewegungen und liebevollen Streichungen verbinden, sodass es mehr ist als nur eine kurze Versorgung mit wichtigen Pflegestoffen. Insbesondere Rhythmische Einreibungen (nach Wegman/Hauschka) vermitteln positive Körper- und Sinneserfahrungen, regen die Selbstheilungskräfte an und vermitteln auf seelisch-geistiger Ebene ein Gefühl von Geborgenheit.

Berührungen zum Herzen hin wirken hier eher anregend, vom Herzen weg eher entspannend. Beginne mit der Massage auf der rechten Körperhälfte am Bein und gehe dann weiter bis zum Oberkörper. Durch die Aktivierung von Druckpunkten und sanften Streichungen wird die Haut besser durchblutet, und somit kann das Öl noch besser absorbiert werden.

Fette Pflanzenöle zur Pflege

Es gibt unterschiedliche Basisöle, die zur Massage verwendet werden. Benutze dafür ein sogenanntes fettes Öl, das aus Früchten oder Samen der Ölpflanze gewonnen wird. Ätherische Öle, die du darin verdünnst, können so besser vom Körper aufgenommen werden. Bitte trage ätherische Öle nicht pur auf die Haut auf.

Mandelkernöl: Eignet sich wunderbar für alle Hauttypen, insbesondere für trockene, spröde Haut. Es wirkt regenerierend, schützend und ist auch bei Sonnenbrand geeignet.

Kokosöl: Wirkt eher kühlend, von daher ist es für besonders »hitzige« Frauen geeignet oder auch bei heißen Sommertemperaturen. Es wirkt beruhigend, ideal auch bei juckender Haut, Sonnenbrand und entzündlichen Prozessen.

Sesamöl: Es ist das typische Öl im Ayurveda, der indischen traditionellen Medizin. Es wirkt entgiftend, eher erwärmend und sollte deshalb bei Entzündungen nicht verwendet werden. Ein schönes Öl für »dünnhäutige« Menschen, die auch psychisch immer mal Probleme haben, oder auch für Frauen, die leicht frieren.

Erhöht man die Temperatur des Trägeröls um mehr als 10 Grad, steigert das die Wirkung für die Haut und auch der Massage. Wenn du deinen Körper danach noch für 15 bis 20 Minuten bedeckst, wird die Resorption um das Dreifache erhöht.

»Unser Körper ist die Harfe unserer Seele.«

Khalil Gibran

Lass alles los,
und entspanne durch eine
Massage Geist und Körper.

Massage-Zeremonie mit Duftessenzen

1. **Für deine Aroma-Massage eignen sich folgende ätherische Öle:**
Bergamotte, Cananga, Copaiba, Grapefruit, Jasmin, Lavendel, Lemongras, Limette, Litsea, Mandarine grün oder rot, Melisse, Muskatellersalbei, Narde, Orange, Palmarosa, Römische Kamille, Rosengeranie, Rosmarin, Sandelholz, Spearmint, Vanilleextrakt, Vetiver, Weihrauch, Ylang-Ylang, Zedernholz, Zirbelkiefer, Zypresse.

2. **Dosierung und Anwendung:**
- 30 ml Basisöl, wie Mandel- oder Sesamöl
- 6–12 Tropfen ätherisches Öl deiner Wahl

Erwärme das Basisöl in einer Keramikschale für wenige Minuten in einem Duftstövchen; es sollte nicht zu heiß werden. Gib die ätherischen Öle hinzu und vermische sie mit dem Basisöl.

a **Sinnliche Mischung:**
2 Tr. Vanilleextrakt, 4 Tr. Ylang-Ylang oder Cananga, 6 Tr. Bergamotte

b **Ganz Frausein:**
2 Tr. Sandelholz oder Vetiver, 4 Tr. Rose oder Rosengeranie, 6 Tr. Pink Pepper oder Mandarine (rot oder grün)

c **Kräftigende Mischung:**
2 Tr. Ingwer oder Zedernholz, 2 Tr. Sibirische Tanne, 2 Tr. Lavendel, 6 Tr. Grapefruit

Du kannst auch intuitiv ätherische Öle deiner Wahl mischen. Dabei kannst du nichts falsch machen, solange du dich an die Dosierung (1–2 % ätherische Öle) hältst. Rosmarin ist ein eher anregendes Öl, dies solltest du daher nicht am Abend vor dem Schlafengehen verwenden.

3. **Beginne deine Massage** am rechten Fuß, an den Zehen, und massiere ihn insbesondere mit beiden Daumen. Folge dann dem Meridianverlauf an der Innenseite deines Beines am Unterschenkel, dort streichst du nach oben und an der Außenseite nach unten. Umkreise mit deinen Fingerspitzen zwischendurch auch immer wieder deine Gelenke, dort staut sich die Energie häufig am meisten. Spüre nach, wo es dich intuitiv hinzieht, achte auf unangenehme Punkte und verweile dort etwas länger.
Dann gehst du weiter zum Oberschenkel. Danach massierst du den linken Fuß bis zum Oberschenkel. Spüre nach, wie es sich anfühlt, und achte dabei auf deine Atmung.
Fange dann am Oberkörper an der rechten Handinnenseite an. Massiere mit deinem Daumen die gesamte Handinnenfläche, Unterarm, Oberarme, Schulter, dann die linke Handfläche bis zur Schulter. Danach deinen Bauch im Uhrzeigersinn und deine Brust von der Mitte nach außen. Streiche dann von oben nach unten beide Arme aus und massiere sanft deinen Nacken.

Beachte: die Innenseite ist Yin – nach innen und oben streichen, die Außenseite ist Yang – nach außen und unten streichen.

Jeder Tropfen ist eine Wohltat für deine Seele.

DEIN ZUHAUSE: LEBENSRAUM UND WOHLFÜHLOASE

Deine Wohnung kann ein Spiegel deiner Innenwelt sein. Aufgeräumt und mit ausgewogenen Energien können Räume auch zu deinem Kraftplatz werden. Sie können dir helfen, deine inneren Anteile zu stabilisieren und zu transformieren. Kennst du das, du kaufst eine wunderschöne Vase, die das ganze Raumklima verändert, wenn du sie an einen geeigneten Platz stellst? Es gibt Gebäude, da fühlst du dich besonders wohl und kannst nicht genau sagen, warum? Oder du streichst in deiner Wohnung eine Wand in einer schönen Farbe, und alles fühlt sich gleich heller und harmonischer an? Dein Zuhause sollte dein Wohlfühlort sein, an dem du dich geschützt fühlst, wo du innerlich ankommst und der dir Kraft gibt. Doch wie lassen sich Wohnräume so gestalten, diese Frage stellen sich immer mehr Menschen. Darüber haben wir uns mit einer Feng-Shui- und Energieberaterin unterhalten.

WIE KANNST DU DEINE WOHLFÜHLOASE GESTALTEN?

Wir haben vor allem die Bereiche in deinem Wohnraum ausgewählt, die besonders mit der weiblichen Energie in Verbindung stehen, damit du dein Zuhause liebevoller und achtsamer gestalten kannst, sodass sich die Raumenergie und damit dein Wohlbefinden erhöht. Gehe durch jedes Zimmer, spüre nach, wie du dich fühlst, setz dich auf einen Stuhl und lass alles auf dich wirken. Erschaffe dir deine »Traumwohnung« und nimm dir Zeit und Ruhe dafür.

Der Vorraum: deine Visitenkarte

Dein Eingangsbereich vermittelt Gästen den ersten Eindruck von deiner Wohnung, aber auch dir, wenn du nach Hause kommst. Schau dir diesen Raum mit den Augen deines Gastes an. Wie gefällt er dir und wie wohl fühlst du dich, bist du willkommen, oder ist er so vollgestellt, dass du am liebsten wieder gehen möchtest? Riecht es gut, und sind die Farben geschmackvoll aufeinander abgestimmt? Wenn nicht, verändere dies, sodass dein Herzensraum aufgeht, sobald du deine Wohnung betrittst.

Feng-Shui

Feng-Shui ist eine jahrtausendealte daoistische Harmonielehre aus China. Feng bedeutet übersetzt „Wind", Shui „Wasser" und bezieht sich auf die Elemente der Natur, die Himmel und Erde miteinander verbinden. Dahinter steht die treibende Lebenskraft, das Qi, die kosmisch alles durchdringt und in Bewegung hält. Das Ziel ist die Harmonisierung des Menschen mit seiner Umgebung. Die Grundlage bildet die Lehre der 5 Elemente, denen die Himmelsrichtungen und auch Farben zugeordnet werden: Metall (Westen), Wasser (Norden), Holz (Osten), Feuer (Süden) und Erde (Südwesten und Nordosten). Auch in Europa ist dieses alte Wissen über die energetischen Strukturen der Erde und ihre Wirkung auf uns Menschen bekannt, unter dem Namen Geomantie (von griech. *geos*, Erde, und *manteia*, Weissagung). Seit jeher wurde damit bewusst gearbeitet, insbesondere Kirchen wurden auf solchen „Kraftplätzen" gebaut.

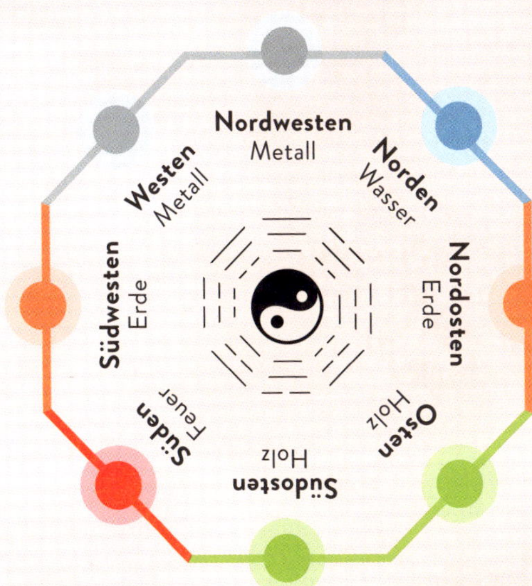

Das Schlafzimmer ist
dein Kraftplatz für deine
Seele. Fühl dich wohl
und zelebriere dein Sein.

Dein Schlafzimmer – zur Ruhe kommen
Schau dir dein Schlafzimmer mal in Ruhe an. Welche Farben herrschen dort vor? Ist es aufgeräumt oder liegen Kleidungsstücke herum? Schaffe Ordnung, räume weg, was störend und unordentlich ist, denn alles hat eine gewisse Energie und wirkt auf dich, insbesondere, wenn du in tiefen Schlaf versunken bist. In diesem Raum solltest du nachts zur Ruhe kommen und gut schlafen können, er sollte daher so klar wie möglich sein. Hier kannst du eher beruhigende Farben, wie Grau und Blau, oder auch etwas schwerere Farben, wie zum Beispiel Braun, verwenden. Rot wirkt eher anregend und sollte nicht dominant vorhanden sein.
Das Schlafzimmer ist ein Ort, an den du dich zurückziehst, wo du dich gern einkuschelst und erholst. Einen entspannten Schlaf vor 23 Uhr werden dir dein Körper und dein Geist danken. Nachts ist es außerdem wichtig, dein Handy und dein WLAN auszuschalten, um die Hormondrüsen im Gehirn zu entlasten.
Ein Spiegel sollte laut Feng-Shui im Schlafzimmer nicht vorhanden sein. Die Chinesen glauben, dass nachts die Seele auf Reisen geht und aufgrund der Spiegelung dann nicht mehr zurück in den Körper finden würde. Zumindest haben wir das so in unserer Ausbildung in traditioneller chinesischer Medizin gelernt. Ob es so ist, bleibt ein Geheimnis.

Der Südwesten: der wichtigste Ort für deine Weiblichkeit
Hier ist in deiner Wohnung das Erdelement zu Hause. An diesem Ort geht es um deine weibliche Urkraft, die Themen Mutter, beschützen, versorgen, Hingabe, zwischenmenschliche Beziehungen, Partnerschaft und Sexualität. Ein schönes Bild, das zwei Menschen oder zwei Delphine zeigt, könnte dort förderlich sein; aber auch die Farben Rot, Rosa, Pink, Gelb, Orange und Ocker unterstützen deine Weiblichkeit und die Raumenergie. Gestalte diesen Platz weich, weiblich, warm, mit angenehmen Elementen und räume auf.

ERHÖHUNG DER RAUMENERGIE

Ein Haus, eine Wohnung und auch der Ort, wo wir leben, arbeitet unsichtbar mit unserem Energiefeld. In unseren Praxen gehen Menschen ein und aus, wir leisten während der Behandlungen intensive Transformationsarbeit, und so sammelt sich einiges, auch an schweren, eher krank machenden Schwingungen in unseren Räumlichkeiten an. Diese feinstofflichen Felder sind für das Auge zwar nicht sichtbar, jedoch von vielen Menschen fühlbar. Um unsere Räume von nicht förderlichen Schwingungen zu befreien, räuchern wir gerne. Aber auch mit Klängen, mit Klangschalen oder auch singend, gehen wir regelmäßig durch die Zimmer, um die Energie zu erhöhen. Wir fühlen uns besser, wenn sich alles wieder klar und hell anfühlt, und spüren einen großen Unterschied. Übrigens verbreiten auch Gegenstände unsichtbare Energien, insbesondere alte, gebrauchte können negative Schwingungen ausstrahlen. Wenn du jetzt damit noch nichts anfangen kannst, ist das gar nicht schlimm, denn du wirst im Laufe der Zeit bestimmt die Unterschiede merken.

Umgib dich mit Sachen, die du gerne anschaust und die sich für dich gut anfühlen. Alles andere entferne aus deinen Wohnräumen. Wir haben bei dem Gespräch mit unserer Beraterin sehr viel gelernt und sofort im Südwesten aufgeräumt. Wow, das war echt anstrengend. Klarheit dort zu schaffen, ist eine besondere Herausforderung für uns gewesen.

Dein Keller und dein Dachboden sind besondere Orte. Im Keller, hier liegt die Vergangenheit, sollte nach Möglichkeit immer wieder ausgemistet und aufgeräumt werden. Der Dachboden ist die Zukunft, auch hier solltest du nicht alles vollstellen oder Unnötiges rumstehen lassen. Hier sammelt sich alles Mögliche an, was man im Laufe der Zeit geschenkt bekommt.

Schaue mit deinem inneren Auge und mit deinem Herzen durch deine Räume und entsorge alles, wovon du dich schon immer trennen wolltest. So schaffst du Platz für Neues, das dir und deinem neuen Lebensweg dienlich ist. Eine gute Energie- oder Feng-Shui-Beraterin sieht, was optimal für die Raumharmonie und für dich ist, und kann dir dabei eine wertvolle Unterstützung sein. Auch wenn du spürst, dass in deiner Wohnung etwas nicht passt, sprich mit einer Fachfrau, die feinstoffliche Schwingungen wahrnehmen und dir dabei helfen kann, diese zu verändern. Gerade beim Räuchern können sich oftmals erst Bilder und Energien zeigen.

RÄUCHERN: RÄUME ENERGETISCH REINIGEN

Die jahrtausendealte Tradition des Räucherns hat eine reinigende und heilsame Wirkung. Räuchern ist sinnvoll:

- an Neumond,
- nach einem Streit und längerer oder intensiver Krankheit,
- am Geburtstag, zu Jahresbeginn,
- im Jahreskreis zur Sommersonnenwende, Wintersonnenwende, Mariä Lichtmess, Herbstanfang,
- bei einem Neuanfang, um Altes gehen zu lassen,
- immer dann, wenn du das Gefühl hast, du fühlst dich nicht mehr wohl.

Schon wenige Substanzen reichen für eine wirkungsvolle Räucherung.

Ritual zur Erhöhung der Raumenergie

1. **Reinige zuerst mit einer Räuchermischung deine Räume von negativen Energien.**

Dazu benötigst du:

- ein Räuchergefäß oder eine Tonschale
- Räuchersand
- Räucherkohle
- Räucherzange
- Feuerzeug
- Räucherwerk
- eine große Feder zum Verteilen des Rauchs

Räuchermischung zur Reinigung der Raumatmosphäre:

- **Weihrauch *(Olibanum Eritrea* oder *Somalia)*:**
  energetisch und atmosphärisch stark reinigend,
  vertreibt negative Energien. Die Sorte Eritrea riecht etwas milder.

- **Neemblätter *(Azadirachta indica)*:**
  vertreiben negative Energien und Krankheiten, wirken desinfizierend. Im indischen Ahnenkult schützt der Neembaum die Lebenden und Verstorbenen.

- **Lavendel *(Lavandula angustifolia)*:**
  klärt, reinigt und beruhigt.

- **Beifuß *(Artemisia vulgaris)*:**
  schützt und hilft, Altes hinter sich zu lassen, wirkt reinigend und entspannend.

Reinige deine Räume am besten an Neumond. An diesem Tag ist eine besondere kosmische Energie vorhanden, um Altes und Verbrauchtes gehen zu lassen.

- Fülle Sand in dein Räuchergefäß oder in eine Tonschale. Lege die Räucherkohle hinein und zünde sie an. Wenn sie gut durchgeglüht ist, kannst du die verschiedenen Kräuter und Räucherstoffe darauflegen. Wenn du ein Räuchergefäß mit einem Sieb hast, dann lege deine Räuchermischung dort hinein und benutze eine Kerze.
- Mit der Feder kannst du nun durch leichtes Wedeln den duftenden Rauch in jedem Raum verteilen. Gehe dabei von Ecke zu Ecke.
- Du kannst auch eine unterstützende Intention dazu setzen. Praktiziere dies wie ein Ritual, sprich mit deinen Räumen und spüre nach, wo du etwas länger verweilen möchtest.
- Öffne danach alle Fenster für einige Minuten.
- Verwende dann unser Raumspray.

2. **Aroma-Spray für Energie und Ordnung**

Wir haben ein kraftvolles Raumspray für dich zusammengestellt, um die Raumenergie zu erhöhen und dir dabei zu helfen, noch mehr Ordnung in deinen eigenen vier Wänden zu schaffen.

Dazu brauchst du:

- 1 Sprühflasche aus Braun- oder Violettglas (100 ml)
- 90 ml Rosenwasser oder gutes Quellwasser
- 2–5 ml hochprozentigen Alkohol
- 10 Tr. Sandelholz
- 10 Tr. Lavendel
- 10 Tr. Tulsi (Heiliges Basilikum)
- 30 Tr. grüne Mandarine

Gib zuerst die ätherischen Öle in die Flasche, dann das Rosenwasser mit dem Alkohol. Schüttle die Mischung vor jedem Gebrauch und verteile sie nun großzügig in deinen Räumen.

EINEN KRAFTPLATZ EINRICHTEN

Wünschst du dir einen Ort, wo du innerlich zur Ruhe kommen und wieder neue Kraft tanken kannst? Dann ist ein Kraftplatz genau das Richtige für dich. Dies ist ein Platz, an dem du spürst, dass alles, was in deinen Gedanken momentan präsent ist, nicht mehr relevant ist. Dein Kopf wird frei, du bist vollkommen im Hier und Jetzt und spürst, wie sich dein Körper innerlich entspannt; es ist ein Ort, der dir deine innere Kraft zurückgibt.
Bei eigenen Reisen zu beeindruckenden Kraftorten wie Stonehenge, nur wenige Autostunden von London, oder Chartres, nur 100 Kilometer von Paris entfernt, die jeweils zu den größten Kraftplätzen Europas gehören, flossen Tränen, und wir hatten Gänsehaut, so berührt waren wir. Es gibt viele ausgewiesene Plätze dieser Art. Doch du musst gar nicht so weit reisen, schau dich doch mal in deinem Umfeld um, sogar mitten im Stadtpark von Hamburg beispielsweise gibt es solche Orte. Auch der Untersberg im Süden Bayerns oder Orte in München sind solche Kraftstellen.

Die Energie dieser Plätze sind Tore zu dir selbst. Sie berühren und erfüllen dich mit unendlicher Dankbarkeit, Freude und neuer Energie; und jede von uns empfindet diese Orte anders, je nachdem, mit welchen inneren Themen wir dorthin gehen. Häufig sind solche Plätze eingebettet in die Architektur der Heiligen Geometrie.

Heilsteine können deinen Kraftplatz stärken.

Heilige Geometrie

Die Heilige Geometrie hat jahrtausendealte Wurzeln, sie ist eine Weisheitslehre, die man in allen Kulturkreisen der Erde kennt und die nur von auserwählten Gelehrten weitergegeben wurde. Sie stammt ursprünglich aus der antiken Mathematik und gibt bestimmten geometrischen Formen eine symbolische Bedeutung. Eines der bekanntesten Beispiele ist die „Blume des Lebens". Sie besteht aus 19 Kreisen und verkörpert den Ursprung allen Seins, ist Symbol der kosmischen Ordnung, der vollkommenen Gesetzmäßigkeit. Sie wird häufig in Meditationen visualisiert, um Körper und Seele energetisch aufzuladen. Auch unser Körper folgt diesem harmonisch abgestimmten mathematischen Prinzip.

Wichtig ist, dass du dich innerlich wohlfühlst und gerne zu dieser Stelle gehst. Dies kann auch ein Baum, an einem Gewässer, in einer Höhle oder bei dir zu Hause sein. Jede Örtlichkeit hat ihre eigene Qualität. Möchtest du mehr Liebe in dein Leben integrieren, suche einen Fluss oder einen See auf. Wasser verbindet und vernetzt dich, es bringt dich in die Tiefe und ins Gefühl. Wünschst du dir mehr Ordnung und Klarheit in deinem Leben, dann könntest du auf einen Berg steigen oder eine hohe Treppe hinaufgehen, aber auch einen einzelnen großen Stein aufsuchen. Sich auf andere Menschen und Energien einzulassen ist wichtig, aber auch dein Rückzug und das Sich-Trennen, um immer wieder zu dir selbst zu finden und dich von allen fremden Einflüssen zu befreien. Gerade wenn du hochsensitiv bist, ist es gut, dir immer wieder solche Rückzugsphasen zu gönnen.

Du kannst dir auch in deinem Zuhause solch eine Stelle einrichten. Dort solltest du dich beschützt fühlen, innerlich wieder bei dir ankommen und kraftvolle Energie tanken. Je nachdem, was du momentan in dein Leben integrieren möchtest, kannst du dort unterschiedliche Elemente einfügen: einen Brunnen für das Wasserelement, Blumen, auch eine Lieblingsfigur wie einen Buddha oder Engel, Kerzen, Räucherstäbchen, Duftessenzen, Meditationskissen oder einen Stuhl. Gestalte diesen Platz weiblich, warm und ruhig. Sei kreativ, schau dich in deiner Wohnung oder auch im Garten um und spüre nach, welche Stelle dafür geeignet ist.

»Wirf einen tiefen Blick auf die Natur, und du wirst alles besser verstehen.«

Albert Einstein

Im Wald findest du kleine Naturgeister, die dir gerne behilflich sein möchten.

Baum- und Naturwesen-Meditation

Tauche ein in die Kraft der Natur. Suche dir dafür am besten einen Wald mit alten Bäumen. Sie sind Weisheitslehrer aus einer anderen Welt, so klar und rein, und können dir viel erzählen. Nimm einen Block und einen Stift mit. Denn in einem tiefen, entspannten Zustand bekommst du Informationen, die du schnell wieder vergisst, deshalb schreibe dir am besten alles auf. Bewege dich erst mal einige Zeit in diesem Wald und reinige dich in Gedanken von allen Sorgen und nicht förderlichen Emotionen. Dann suche dir einen Baum und setz dich dort hin.

- Atme ein paarmal tief ein und aus, lockere deine Schultern und komme an, bei dir und an diesem Platz.
- Stell dir vor, wie ein warmer Sommerregen über deine Aura und deinen Körper fließt und dich ganz sanft von allen dunklen Energien reinigt.
- Du fühlst dich danach hell und klar, dein Geist ist wach, jedoch in einem entspannten Zustand (Alphazustand).
- Stell dir eine energetische, aktivierte liegende Acht in deinem Herzbereich vor. Über diese verbindest du dich mit dem Baum; spüre die Verbindung, nimm sie bewusst und achtsam wahr, bleibe so für einige Minuten.
- Dann setze innerlich eine Intention und sage dem Baum und den Naturwesen um dich herum, dass sie näher kommen dürfen, ganz nah dürfen sie bei dir sein; spüre und atme.
- Öffne dein Herz für diese Erfahrung und frage die Wesen in Gedanken, ob sie dir etwas mitteilen möchten. Oder stelle ihnen eine Frage, die dir auf dem Herzen liegt und wofür du nach einer Lösung suchst.
- Verweile, solange du möchtest, schreibe danach alles auf, was du erfahren hast.

METALLE, PLANETEN UND HEILPFLANZEN FÜR DEINE WEIBLICHE ENERGIE

In alten alchemistischen Traditionen, der Anthroposophischen Medizin und auch der Traditionellen Europäischen Medizin (TEM) ist die Zuordnung von Metallen zu den sieben Hauptplaneten und Organsystemen bekannt, ebenso wie die Verbindung mit zahlreichen Heilpflanzen, um mit entsprechend komponierten Arzneimitteln heilsame Impulse setzen zu können.

Planet	Metall	Organ	Hormondrüse	Heilpflanzenbeispiele
Saturn	Blei	Milz	Epiphyse	Weißbuche, Wegwarte, Odermennig
Jupiter	Zinn	Leber	Hypophyse	Ahorn, Löwenzahn, Schöllkraut
Mars	Eisen	Galle	Schilddrüse	Eiche, Brennnessel, Mariendistel
Sonne	Gold	Herz	Nebenschilddrüse	Esche, Johanniskraut, Schlüsselblume
Venus	Kupfer	Nieren	Thymus	Birke, Melisse, Schafgarbe
Merkur	Quecksilber	Lunge	Nebennieren	Ulme, Brunnenkresse, Spitzwegerich
Mond	Silber	Gehirn, Geschlechtsorgane	Eierstöcke/ Hoden	Kirsche, Frauenmantel, Bryophyllum

Die hier erwähnten Heilpflanzen stellen nur einige Beispiele aus der Fülle der Pflanzenwelt dar, die zum überwiegenden Teil dem jeweiligen Planeten zugeordnet werden können. Doch viele Heilpflanzen weisen auch in ihrer Signatur Bezüge zu verschiedenen Planetenwirkungen auf.

Signaturenlehre

Laut dieser Lehre (von lat. *signare*, bezeichnen), die der berühmte Schweizer Arzt Paracelsus (1493–1541) ausgearbeitet hat, sollen bestimmte Kennzeichen einer Pflanze, wie Form, Farbe oder Geruch, auf ihre Heilwirkung schließen lassen, die jeweils auch einen kosmischen Bezug aufweist. Vereinfacht dargestellt ein paar Beispiele:

- Das Johanniskraut zeigt mit seinen strahlend goldgelben Blüten einen Bezug zur Sonne und stärkt somit in uns ein sonniges Gemüt, hilft also unter anderem bei Depressionen.
- Der Frauenmantel ähnelt einem Umhang, wie Frauen ihn früher trugen, und wird auch mit dem weiblichen Geburtsschoß verglichen. Er zeigt deshalb seine besondere Heilkraft bei sämtlichen Frauenleiden sowie als „Schutzmantel" bei (hormonell bedingter) Dünnhäutigkeit und Hochsensibilität.
- Die Blüten des Augentrosts sehen aus wie Wimpern und wirken, in Augentropfen oder Globuli verarbeitet, heilsam bei sämtlichen Augenerkrankungen.

So ist beispielsweise die Alchemilla (der Frauenmantel) sowohl dem Mond als auch der Venus zugehörig, weil sie zum einen mit ihrem selbst aus den Blatträndern hervorgebrachten »Guttationstropfen« dem wässrigen Prinzip zuzuordnen ist und der Mond über alle irdischen Flüssigkeitsprozesse wie Ebbe und Flut sowie die Menstruation herrscht. Zum anderen weist sie hellgrüne Blätter mit lieblicher Form auf, was mit der Planetenkraft der Venus in Verbindung steht.

Die Blätter und Blüten der Alchemilla, in frischer oder getrockneter Form als Teeaufguss zubereitet oder als Urtinktur eingenommen, können sowohl in der ersten Zyklusphase die Eizellreifung und damit die Fruchtbarkeit fördern als auch in der zweiten Zyklusphase den Gelbkörper unterstützen und

Stimmungsschwankungen vor sowie Unterleibskrämpfen während der Regel vorbeugen. Doch auch bei vielen anderen Frauenleiden und sämtlichen hormonellen Beschwerden ist der Einsatz der Alchemistin unter den Frauenheilpflanzen durchaus einen Therapieversuch wert.
Du wirst schnell merken, ob der Frauenmantel aktuell die richtige und passende Heilpflanze für dich ist und ob er dir guttut. Wenn du an dieser Stelle tiefer einsteigen möchtest (und unter bestimmten Symptomen leidest), können wir dir empfehlen, dich bei dir vor Ort zum Beispiel an eine Heilpraktikerin für ganzheitliche Frauenheilkunde zu wenden, die dann individuell und spezifisch mit dir arbeiten kann, um deine Beschwerden zu lindern.

Angelica archangelica – die Erzengelwurz.

Meditation zur Engelwurz

- Setz dich bequem hin und schließ die Augen. Stell dir vor, wie du einen kleinen Waldpfad entlanggehst. Atme einmal tief ein und wieder aus und spüre die friedliche Stimmung in der Natur. Du gehst langsam und bewusst weiter, nimmst die Lebendigkeit des Ortes wahr und kommst an einen kleinen Bach. Du hörst sein sanftes, fröhliches Plätschern. Du atmest ganz bewusst die frische, feuchte Waldluft ein und läufst am Bach entlang, bis du an eine Uferböschung gelangst.
- Dort siehst du plötzlich eine wunderschöne Erzengelwurz stehen. Sie ist so groß und mächtig, dass du zu ihr aufschauen musst. Die kugelförmigen, zart grünen Blüten scheinen ihre ganze Kraft nach außen zu strahlen. Du verneigst dich innerlich vor ihrem mächtigen Wesen und öffnest dein Herz für diese unendlich kraftvolle Heilpflanze. Die Begegnung fühlt sich so an, als ob du einem großen, licht- und liebevollen Erzengel gegenüberstehen würdest. Du befindest dich nun in der Sphäre der Angelica archangelica (Engelwurz). Hier bist du beschützt und es kann dir nichts geschehen.
- Das Pflanzenwesen möchte dich gerne auf eine kleine Reise mitnehmen: Du siehst vor dir eine Szene aus dem Mittelalter, wie hoch geschätzt Erzengelwurz zu dieser Zeit bei Ärzten und Heilkundigen war, wie man sie als Allheilmittel verehrte und regelrechte Engelwurz-Gärten angelegt wurden. Wie ihre schützende Wirkung sich in den kostbarsten Elixieren entfaltete, um so die Menschen vor jeglicher Ansteckung zu schützen. Nimm dieses Bild und Gefühl mit und spüre nach, welchem starken und mächtigen Wesen du gerade begegnest.
- Nimm nun wahr, wie sich dein gesamter Körper aufrichtet und wie du deinen natürlichen Raum einnimmst. Du spürst, wie eine starke Kraft deinen Körper und deine Seele durchströmt und deine Lebenskräfte stärkt. Nichts kann dieser Sonnen-Löwen-Kraft widerstehen. Sie wirkt auf allen Ebenen und reinigt deinen Körper und deine Seele von allem, was du loslassen möchtest, und macht dich weit und frei. Du fühlst dich getragen und geschützt, spürst Halt und Zuversicht. Trage dieses Gefühl in deinem Herzen und verneige dich innerlich vor dem Pflanzenwesen, dem du hier gerade begegnet bist. Merk dir, dass du dich jederzeit mit ihm verbinden kannst, wenn du einmal in Not bist.
- Nimm zum Abschluss noch ein paar tiefe Atemzüge und komm wieder in dem Raum an, wo du dich gerade befindest.

(Meditation nach Dominik Wandelburg)

KLEIDUNG UND SCHMUCK

Wie möchtest du wirken, elegant, sexy oder sportlich? Hast du am Morgen, als du dich angekleidet hast, überlegt: »Was ist meine Botschaft heute für diese Welt?« Deine Kleidung sagt viel über dein Befinden aus und darüber, was du anderen Menschen vermitteln möchtest. Unterstreiche deinen Typ und fühle dich wohl in dem, was du trägst. Manche Frauen fühlen sich im Kleid gut, andere wieder in einem Rock mit schönem Oberteil, aber auch Hosen aus weich fallendem Stoff können richtig weiblich sein. Wichtig dabei ist, du lebst dein authentisches Ich und bringst es durch dein Äußeres zur Geltung.

Farben spielen eine wichtige Rolle, um deinen Typ und deine weibliche Seite zu unterstreichen. Check doch mal deinen Kleiderschrank und schau dir in Ruhe an, ob alles, was du dort siehst, noch zu dir passt. Nutze die Macht der Farben für ein ausdrucksstarkes äußeres Erscheinungsbild: Weiß wirkt dabei eher unschuldig, Rot vital und dominant, Grün romantisch, Zartrosa feminin und verletzlich, Orange exotisch und rebellisch, Violett mystisch und machtvoll, Blau wehmütig und kühl. Pink ist eine kraftvolle weibliche Farbe, in Kombination mit einem weich fallenden Stoff einfach perfekt. Dabei kannst du auf die unterschiedlichen Pinknuancen achten und schauen, welche dir besonders gut steht. Spannend kann auch die Beratung einer guten Farb- und Stilberaterin sein, die dir dabei behilflich ist, deine Persönlichkeit professionell zu unterstreichen.

»Schönheit beginnt in dem Moment, in dem man sich entscheidet, man selbst zu sein.«

Coco Chanel

Mala

Das Wort „Mala“ kommt aus dem Sanskrit und bedeutet so viel wie „Kranz“, „Kette“. Sie wird traditionell im Hinduismus und Buddhismus zum Zählen und Rezitieren eines Mantras verwendet. 108 natürliche Perlen wie Halbedelsteine, Holz oder Samen und eine Guru-Perle schmücken diese Kette. Dazwischen sind häufig Knoten und am Ende noch eine Quaste. Die Mala kann um den Hals oder auch um das Handgelenk getragen werden.

Schmuck und Tücher sind dann noch ideale Accessoires, um jedes Outfit abzurunden und aufzupeppen. Eine schöne Möglichkeit, in deine weibliche Kraft zu kommen, ist es, deinen Schmuck selbst herzustellen. Das kann bei einem Kurs in Silberschmieden an der Volkshochschule sein oder auch eine selbst geknüpfte Mala.

Du kannst diese wunderschöne Kette wie ein Schmuckstück tragen oder auch in deiner Meditation verwenden. Dabei fängst du unten an der Guru-Perle an, dein für dich passendes Mantra zu rezitieren. Nimm die erste Perle zwischen Daumen und Zeigefinger, sprich das Mantra laut oder in Gedanken aus. Lass so alle 108 Kugeln durch die Finger gleiten und gehe dann von dort aus wieder zurück. Wiederhole dies, so oft du möchtest. Die Guru-Perle dient dazu, die Energie, die während des Meditierens entsteht, zu sammeln und zu beruhigen. Auf diese Art und Weise kannst du deine Kette wundervoll mit schöner Energie aufladen. Manche Menschen tragen ihre Mala auch nachts, wir empfehlen dir aber, sie abzunehmen und geschützt in eine Schachtel oder ein Säckchen zu legen.

DIY-Anleitung: eine Mala knüpfen

1. **Diese Utensilien brauchst du:**
   - 110 Perlen, Größe: 6 oder 8 mm, aus Holz, Halbedelsteinen, Muscheln oder Samen (finde die für dich passenden Farben und Materialien. Jedes Element hat seine Bedeutung und sollte zu deiner momentanen Situation passen). Es gibt auch DIY-Sets im Internet zu kaufen, für deine erste Mala eine praktische Möglichkeit.
   - 1 Quaste
   - 1 Guru-Perle, ca. 10 bis 12 mm, aus Silber, Holz oder einem Halbedelstein
   - 1 spitze Pinzette
   - Ein Knüpfband, mindestens 2 m lang; gibt es in verschiedenen Farben und Qualitäten (stabil ist es aus Baumwolle oder Nylon gewachst, damit kannst du die Perlen sehr gut auffädeln; ansonsten auch aus 100 % Perlseide).

2. **Halbedelsteine, die deine weibliche Energie stärken:**
   Amazonit, Amethyst, Bergkristall, Citrin, Granat, Karneol, Kirschblütenjaspis, Kunzit, Malachit, Mondstein, Opal, Rosenquarz, Rubin, Sonnenstein.

3. **So knüpfst du die Mala:**
   - Fädle zuerst die Quaste auf, sodass sie in der Mitte des Fadens liegt. Nimm beide Fäden zusammen und mache einen Knoten oberhalb der Quaste. Dann mit beiden Fäden die Guru-Perle auffädeln und einen Knoten oberhalb der Perle machen.
   - Knüpfe nun zuerst die linke Seite: Nimm 1 Perle, mache danach einen Knoten und schiebe diesen ganz dicht an sie heran. Fädle so alle 54 Per-

len auf der linken Seite und danach alle 54 auf der rechten Seite auf. Jetzt hast du zwei Seiten mit insgesamt 108 Perlen.
- Verbinde nun die beiden Seiten mit einem Abschlussknoten. An den beiden Fadenenden bringst du jeweils eine Perle an und machst noch mal einen Knoten. Nun ist deine Mala fertig.
- Nimm sie danach in beide Hände, bringe sie vor dein Herz, schließe die Augen und spüre nach, welche Kraft von ihr ausgeht. Verweile so für einige Minuten in Stille, achte auf deine Atmung und öffne deinen Herzensraum.

4. **Reinigung:**
Die Halbedelsteine sollten regelmäßig gereinigt werden. Dazu verwendest du Hämatit-Trommelsteine, in die du sie nachts hineinlegst, zum Entladen der überflüssigen Energie. Tagsüber gibst du sie dann in eine Schale mit Bergkristall-Trommelsteinen, um sie aufzuladen. Du darfst die Mala auch regelmäßig mit einem feuchten Tuch abwischen. Werden die Halbedelsteine nicht entladen, können sie platzen. Gehe daher achtsam und wertschätzend mit diesem außergewöhnlichen Schmuckstück um.

Mondstein stabilisiert deine weibliche Energie.

DANK

Ich danke meiner Herkunftsfamilie und all den Menschen, die mich bereits auf meinem Weg inspiriert und begleitet haben und vor allem in medizinischer Hinsicht eine unermüdliche Lern- und Wissensquelle für mich sind, wie Dr. med. Franziska Roemer, Prof. Dr. med. Volker Fintelmann, Pirkko Ollilainen, Dr. med. Astrid Engelbrecht, Michael Munzel und viele mehr.

Auch danke ich all meinen Patientinnen, die mir immer wieder ihr Vertrauen schenken und durch die ich täglich dazulernen und mich weiterentwickeln darf, und ich danke zahlreichen Kolleginnen für den stets konstruktiven und lehrreichen Austausch, insbesondere der Heilpraktikerin für Frauenheilkunde Karolin Sibler, allen FEMNA-Beraterinnen und meiner Co-Autorin Petra Schneider.

Zuletzt und am allermeisten danke ich meinem Partner, der immer für mich da ist, mich nicht nur emotional unterstützt, sondern auch fachlich berät, meinen tiefen Heilungsimpuls teilt und mein treuer Seelengefährte in allen Lebenslagen ist.

Celia Schönstedt

Ich danke meinen Eltern und meinen wundervollen Freunden und Freundinnen, die mich in diesem Leben begleiten und mich emotional in vielen Lebenslagen unterstützt, inspiriert und gestärkt haben. Auch sage ich Danke an meine Patienten und Patientinnen für ihr langjähriges Vertrauen, sie schenken mir täglich neue Inspirationen und lehrreiche Erfahrungen für meine Arbeit.

Von Herzen danke ich Celia Schönstedt für ihr Vertrauen, welches sie mir geschenkt hat beim gemeinsamen Schreiben dieses Buches.

Ein großes Dankeschön möchte ich an alle Kolleginnen und Kollegen weitergeben, die mich auf meinem Weg in der Naturheilkunde begleiten und mit denen ich einen wundervollen konstruktiven Austausch pflege.

Danke auch an Figen Barten von KLAR-ER-LEBEN für ihre großartigen Inspirationen zum Kapitel Feng-Shui.

Petra Schneider

ZUM WEITERLESEN

Beier, Christiane/Demleitner, Margret/Hamm, Dorothea/Danner, Holger: Aromapraxis heute, München: Elsevier GmbH 2022.

Prof. Dr. Buether, Axel: Die geheimnisvolle Macht der Farben, München: Droemer 2020.

Childre, Doc/Martin, Howard: Die HerzIntelligenz-Methode. Gesundheit stärken, Probleme meistern – mit der Kraft des Herzens, Kirchzarten: VAK Verlags GmbH 2016.

Chopich, Erika J./Paul, Margaret: Aussöhnung mit dem inneren Kind, Berlin: Ullstein 2011.

Dittmar, Vivian: Gefühle und Emotionen. Eine Gebrauchsanweisung, München: VCS Dittmar, Edition Est 2014.

Duprée, Ulrich Emil: Ho'oponopono. Das hawaiianische Vergebungsritual, Darmstadt: Schirner Verlag 2011.

Herber, Sabrina/Zimmermann, Eliane: Aromatherapie für Frauen, Oy-Mittelberg: Joy Verlag 2019.

Hutter, Daniela: Das Yin-Prinzip. Entdecke deine weibliche Essenz, München: Goldmann 2016.

Jung, Carl Gustav: Archetypen. Urbilder und Wirkkräfte des kollektiven Unbewussten, Ostfildern: Patmos 2022.

Kabat-Zinn, Jon: Gesund durch Meditation. Das große Buch der Selbstheilung, München: Knaur 2013.

Langsdorf, Antonia: Lilith. Die Weisheit der ungezähmten Frau, München: Scorpio 2020.

Madejski, Margret: Lexikon der Frauenkräuter. Inhaltsstoffe, Wirkungen, Signaturen und Anwendungen, Aarau: AT Verlag 2008.

Marx, Susanne: HerzIntelligenz kompakt. Gesund und gelassen, klar und kreativ – Die wissenschaftlich belegte Methode, Kirchzarten: VAK Verlags GmbH 2015.

Mihaly, Csikszentmihalyi: Flow. Das Geheimnis des Glücks, Stuttgart: Klett-Cotta 2015.

Nelson, Bradley: Der Emotionscode. So werden Sie krank machende Emotionen los, Kirchzarten: VAK Verlags GmbH 2015.

Powell, Robert: Die göttliche Sophia. Das Auftauchen des weiblichen Göttlichen in unserer Zeit, Borchen: Verlag Ch. Möllmann 2004.

Praxisforum Spezial. Metalle, Schwäbisch Gmünd: Weleda AG 2017.

Rainbow, Sonia Emilia: Frauenheilkraft. Das vergessene Wissen um die Urkraft der Gebärmutter, München: Ansata 2019.

Stahl, Stefanie: Das Kind in dir muss Heimat finden, München: Kailash 2015.

Steiner, Rudolf/Wegman, Ita: Grundlegendes für eine Erweiterung der Heilkunst nach geisteswissenschaftlichen Erkenntnissen, Dornach: Rudolf Steiner Verlag 1991.

www.walaarzneimittel.de/de/ratgeber-gesundheit/aeussere-anwendungen/einreibungen.html

Waldermann-Scherhak, Sandra: Rauhnacht-Rituale für Frauen. Eine spirituelle Bewusstseinsreise durch die zwölf Nächte, Darmstadt: Schirner Verlag 2017.

Werner Monika/von Braunschweig, Ruth: Praxis Aromatherapie. Grundlagen – Steckbriefe – Indikationen, Stuttgart: Haug 2020.

Wyrsch, Patrice: Wahrnehmungsfähigkeit Neurosensitivität. Die Kraft der Hochsensitiven, Düsseldorf: Eigenverlag 2020.

Yilmaz, Bahar: Aura Coaching, München: Ansata 2013.

Zimmermann, Eliane: Aromatherapie für Pflege- und Heilberufe, Stuttgart: Haug 2018.

Unter folgendem Link findest du geführte Meditationen von Celia Schönstedt passend zum Buch: **www.heal-and-grow.de/audios**

BEZUGSQUELLEN

Edelsteine: www.baoshi.de

Heilpflanzen-Tees: www.meine-teemischung.de, www.meinebiowelt.de/Tee

Räucherwerk: https://hofversand.de/raeucherwerk/, www.herbathek.com/bio-heilkraeuter-tees-gewuerze/raeucherwerk

Fette Öle: www.primaveralife.com/shop/bio-pflegeoele

Ätherische Öle: www.etherischeoele.de, www.feeling.at, https://maienfelser-naturkosmetik.de/Aetherische-Essenzen, www.sunday.de/aetherische-oele/ und https://oshadhi.de

BILDNACHWEIS

Mit 47 Farbfotos und 1 Farbillustration von Shutterstock
S. 29: Adobe Stock.

IMPRESSUM

Umschlaggestaltung von Gramisci Editorial Design, München/Claudia Geffert unter Verwendung einer Farbillustration von Crystal Perez (Cover), 5 Farbfotos von Shutterstock, eines Farbfotos von Katharina Renter Fotografie (Autorinnenfoto Petra Schneider) und 3 Farbillustrationen von iStock.

Mit 47 Farbfotos und 1 Farbillustration

Gedruckt auf chlorfrei gebleichtem Papier

MIX
Papier | Fördert gute Waldnutzung
FSC® C106855

ISBN: 978-3-96860-057-4
Projektleitung: Ramona Kapp
Lektorat: Dr. Eva Eckstein
Gestaltungskonzept: Gramisci Editorial Design, München/Claudia Geffert
Gestaltung und Satz: Daniela Petrini, A-Reutte
Produktion: Angela List
Druck und Bindung: Print Consult GmbH, München
Printed in Slovakia / Imprimé en Slovaquie

ÄTHERISCHE ÖLE: *himmlische Düfte*

So alt, wie die Geschichte unserer Menschheit, sind auch unsere Erfahrungen mit diesen feinen Essenzen, die unser Leben mit ihrem Duft verzaubern. Nicht alle Pflanzen tragen ätherische Öltropfen in sich. Es sind hochkomplexe chemische Verbindungen, die Blumen, Bäume, Kräuter und Gräser vor Feinden schützen oder auch Bestäuber anlocken. Gewonnen werden diese Essenzen durch Wasserdampfdestillation (z. B. bei der blauen Kamille), Extraktion und Pressung (z. B. bei Zitrusölen) oder auch Enfleurage, welches bei kostbaren Blütenölen wie Jasmin verwendet wird.

Es ist wichtig, bei der Auswahl dieser hochwertigen Tropfen auf eine gute Qualität zu achten. Hochwertige Produkte sollten keine synthetischen Zusätze enthalten. Da diese allerdings meist nicht deklariert werden, ist die Wahl des richtigen Öls nicht so einfach. Vertraue auf deine Nase: Du erkennst ein gutes ätherisches Öl am Duft. Es riecht vollmundig, rund, frisch, ohne einen scharfen Geruch im Hintergrund zu haben.